“两弹一星”元勋
故事丛书

王淦昌：
我愿以身许国

WANGGANCHANG WOYUANYISHENXUGUO

何建明 著

青海人民出版社

图书在版编目（CIP）数据

王淦昌：我愿以身许国 / 何建明著 . -- 西宁：青海人民出版社，2024.7
（"两弹一星"元勋故事丛书）
ISBN 978-7-225-06718-6

Ⅰ . ①王… Ⅱ . ①何… Ⅲ . ①王淦昌（1907–1998）–传记 –青少年读物 Ⅳ . ① K826.11-49

中国国家版本馆 CIP 数据核字 (2024) 第 065984 号

"两弹一星"元勋故事丛书
王淦昌：我愿以身许国
何建明　著

出 版 人　樊原成
出版发行　青海人民出版社有限责任公司
西宁市五四西路 71 号　邮政编码：810023　电话：（0971）6143426（总编室）
发行热线　（0971）6143516 / 6137730
网　　址　http://www.qhrmcbs.com
印　　刷　青海雅丰彩色印刷有限责任公司
经　　销　新华书店
开　　本　890 mm × 1240 mm　1/32
印　　张　6.625
字　　数　130 千
版　　次　2024 年 7 月第 1 版　2024 年 7 月第 1 次印刷
书　　号　ISBN 978-7-225-06718-6
定　　价　32.00 元

序

巨人也有趣

他是一个特别神秘又特别有趣的人。他一生口头上说得最多的两个字就是“有趣”。而他从事的工作,就是国家最“有趣”，也是最高机密的事：研制核武器。

他实实在在、全程地参与了中国的“两弹”——原子弹、氢弹的研制。在一长串功臣人物中，他的光芒可以用“无人可比”四个字来作定语，因为他是王淦昌。

我没有为同一个人物写的作品进行续篇修订的习惯，但对王淦昌先生例外。因为二十多年前我作为第一位为他的事迹“立传”的作家，除了一些写作原因外，更重要的是他作为国家最严密保护的“绝密人物”的许多事还不允许被揭秘，所以也就无法真正把王淦昌先生的许多“有趣”的事完整地写进去，这样给外界造成了很多误解和习惯。比如一说“两弹元勋”，人们就会想到邓稼先；一说华人获诺贝尔奖时，就会赞美李政道、杨振宁……由此这些人物便在公众印象中特别熟知。确实，他们都是了不起的伟大人物和著名科学家。

可读者知道吗？邓稼先见了王淦昌先生可是毕恭毕敬得叫你难以想象。有一张照片里邓稼先站在王淦昌先生旁边那么拘束紧张的神情，看后叫人觉得有些好笑。邓稼先是王淦昌的学生和助手，每每王淦昌有事叫他时，邓稼先从不敢有丝毫的怠慢与延缓，这是习惯，也是邓稼先本人后来被称为“两弹元勋”的基石。李政道和杨振宁一起获得诺贝尔物理学奖，是全球华人中第一个获此殊荣的。李政道获奖时只有35岁，其成就足够他骄傲一辈子的了！然而，李政道在王淦昌面前同样是毕恭毕敬，因为李政道也是王淦昌的学生。当年李政道当王淦昌学生时，王淦昌有两次与诺贝尔奖拥抱的机会，并已经成为世界上挂得上名的少数几个中国著名科学家之一。

王淦昌在新中国“两弹一星”的伟大科学成果中，特别是在俗称“两弹”的研制中，他是名副其实的功臣和主要贡献者。

“两弹”到底对一个国家而言，是怎样的力量？现在的年轻人可能并不太清楚。那我就说一句这样的话：新中国成立到现在七十多年了，即使今天我们的经济实力升至全球第二，我们的高速列车飞驰在世界最长、最快的道路上，我们的外汇储蓄世界第一，我们的城市全球最多……我们还有很多很多“世界第一”，可是所有这些“第一”，如果没有了原子弹和氢弹，我们依然是会随时被人欺凌的二流、三流国家，遭灭亡的灾难也可能会随时降临……这就是有没有“两弹”的差异。因此可以这样说：无论是毛主席在世的20世纪五六十年代，还是21世纪的今天，世界上任何一个国家能否不被别人欺负，手中握不握有原子弹是绝对的砝码。

中国之所以在近半个世纪里没有被西方反华势力吓唬和威胁，就是因为我们也有原子弹，还有比原子弹威力更强大的氢弹。原子弹、氢弹加人造卫星技术的航天工程，我们合称其为“两弹一星”。“两弹一星”代表着新中国成立以来最重要的科技成果，这也是中国巍然挺立在世界面前的一道不易摧毁的“长城”。14亿中国人之所以特别尊敬“两弹一星”功臣，其理也在于此。

一提“两弹一星”功臣，我们自然第一个就会想起钱学森。排列在钱学森之后的是谁，或许很多人就有些模糊了……邓稼先？朱光亚？钱三强？还有很多很多叫得上名或者叫不上名的大科学家们。事实上，这众星璀璨的功臣中，我们必须和最应该首先记住的科学巨人就是王淦昌先生。

一直以来，“王淦昌”这个名字多数中国人并不熟悉，就是因为在“两弹”工作开始到成功及之后的相当一段时间里，对从事这项工作的专家们的情况是保密的。为首的多数重要的科研专家，是绝不允许公开身份的，唯有钱学森、钱三强等少数担任国家领导职务的人例外。而真正负有核心任务的一线科学家们必须长期隐姓埋名，王淦昌在这些大科学家里，可以说是排在最需要隐姓埋名的第一、二号人物，因为在他受命从事领导核武器试验前，就已经是世界著名的物理学家了，世界同行中都知道中国有个“最有希望获得诺贝尔奖的人”（20 世纪五六十年代的美国《纽约时报》多次这样报道）。

我是王淦昌先生的江苏常熟老乡，而且出生在同一个叫支塘的小镇。我们这“一文一武”在老家算是很有脸面的“名人”——当然我无法与王淦昌先生相提并论，只是我被算作当代文学家而已。王淦昌先生比我年长 50 岁，论辈分属于我爷爷辈。如果他活着，今年 116 岁。在老家，我何家与王家相隔二三十分钟步行距离；在北京，王先生在世的时候住在木樨地“部长楼”里，与我居住的三里河北街也只有两三站公交车的距离。

说实话，小时候在老家时，我并不知道家乡还有一个大人物“王淦昌”。因为除了年龄差距外，主要是王淦昌先生少年时代离开家乡求学后，一直在国外和外地工作，尤其是六七十年代的十七年隐姓埋名秘密生涯的缘故，我们家乡人对他几乎一无所知，一直到揭秘、宣传“两弹一星”越来越多后的今天，家乡人才慢慢知道，原来有位国家大功臣是我们常熟人、支塘人……

“两弹一星”的工程太庞大、太伟大，到底谁的功劳大，谁在其中的地位重要，其实根本说不清。就拿“两弹”的研制来说，当时我们中国调用的人力、物力及部队，就有几十万人，涉及的单位及条块部门，则多达几百个，真可谓举“国家之力”，甚至连国家都有点是在使“吃奶之力”——当时的我们太穷，穷得只有几台低级计算机。庞大的数据计算竟然是靠这几台低级计算机和几百部算盘进行几万万次的人工运算才完成的，而这样的事在当今世界的“核俱乐部大国”中，唯有中国是这样干出来的。毛泽东当年称原子弹是“争气弹”，它饱含了一个民族不屈不挠、奋发图强的决心与意志。

曾经还记得，在 1964 年 10 月 16 日我国第一颗原子弹成功爆炸后的几天里，西方世界的媒体热闹翻了，他们都在猜想不可能的事在中国发生了！而为什么中国也能造出原子弹，就一定是有“中国的奥本海默”！美国是第一个造出原子弹的国家，也是第一个使用了原子弹的国家。应当值得指出的是，它对日本广岛进行“原子弹轰炸”，从某方面来说，这是彻底致使日本军国主义灭亡、缩短第二次世界大战结束日期的根本所在。

一颗原子弹可以导致几十万，甚至百万人瞬间丧失生命。原子弹至今仍然是世界上最强大的武器之一，氢弹的威力比原子弹强好几倍甚至几百倍。如果使用一下它，那将丧失的就可能是几百万人的生命了！

“两弹”之所以可以支撑一个国家屹立于世界的强林之列，意义和实际作用都在这其中。钱学森之所以在中国人心目中崇高而伟大，就是因为他是中国“两弹一星”的主要奠基者，科技方面的“总司令”。

我们知道钱学森的地位，现在就该明白和清楚另一位长期隐姓埋名的巨人了——他就是王淦昌。

虽然我与王淦昌是同乡，又几度居住在其“近邻”，然而真正与这位神秘的科学大师相见，并不容易。在他从事核试验的几十年里，我们这些人根本不可能与其接触。“我们也是几年才见一两回”，他的子女告诉我。

1994年这一年，国家颁布一项重要科技奖——“何梁何利奖”。这个奖项是香港爱国金融实业家为了响应邓小平同志提出的“科学技术是第一生产力”的号召，专门拿出巨资设立基金来奖励中国当代最杰出的科学家。当时这个奖项的最高奖“科学与技术成就奖”的奖金是一百万元，超过任何大奖，影响很大。第一次颁奖大会是在人民大会堂举行的，由江泽民总书记出席，李鹏总理宣读国务院颁奖令。获此殊荣的有四位大科学家，他们分别是：钱学森、黄汲清、王淦昌、王大珩。钱学森不用介绍，大家都很熟悉。黄汲清是大庆油田的主要发现者，他在大庆油田发现上的功劳，与“两弹”中王淦昌的功劳差不多。如果说李四光是发现大庆油田技术方面的“总司令”的话，黄汲清就是“总长”的角色。名列第三的王淦昌就是因为他在“两弹”上的杰出贡献，所以他当之无愧地获得了这个大奖。最后一位王大珩，是光学专家，他因与王淦昌等四位科学家向中央领导提出发展高技术建议后形成了著名的国家《高技术研究发展计划（“863”计划）纲要》

而闻名。所以看看这四位大科学家，就知道本书主人公王淦昌的地位了。

在国家颁发这个科学大奖前几年，我已从部队转业到地方工作，在中央某报社当记者。这是我有机会与这些科学大师面对面采访与交流的职业机缘。

我记得那次单独采访钱学森先生的场面：

“建明同志，今天我跟你讲讲‘零’吧……”钱学森先生上来就笑眯眯地对我说。

“零”有啥好讲的，不就是什么都没有嘛！我心里这么想，大概表情也流露出来了。钱学森先生依然笑眯眯地转过身，在背后的一块黑板上用粉笔画了一个坐标——这是我中学时数学课上常见的符号。

“现在你可以看到‘零’的作用。”钱学森开始给我比画，“这‘零’居于中间，像人的心脏，也可以称它为万物之源之起始点……一切事情皆从它开始，不管是数据，无穷大的数据，还是运动频率，它都是出发点与终结点。从它出发，可以伸延到无限远的地方；绕它而外延扩伸，是无限大的宇宙……所以在我们科学世界里，‘零’是宝贝，‘零’是最重要的数字之一，‘零’是一切事物和生命体的始发点、原动力。人生也一样，从‘零’开始，有无限光明；从‘零’开始，失败了也能再走向成功……”

钱学森先生的这堂课让我记忆了一辈子。他的“零”思想刻在我心中一辈子，并一直在激励和鼓舞我如何认识事物、如何认识人生。

写黄汲清是我的本职。因为当时我在黄汲清所在部门的文学杂志当主编。那个时候，刚从部队到地方，身上保持着一股强烈的正义感，大有路见不平拔刀相助的“英雄气概”。

黄汲清与钱学森等人获得了国家科学大奖后，就有人对我说：为何不去写写大庆油田的真正发现者黄汲清？

大庆油田的发现者不是李四光吗？在这之前，我与其他中国人一样，都知道大庆油田的发现者是我们书本上读到的“李四光”这个人，而并没有听说过另一位叫“黄汲清”的人也与大庆油田的发现有关。

“黄汲清他们才是真正的大庆油田发现者，你去采访就知道真相了。否则国家为啥要给黄汲清这么重要的科学大奖呀！”人家这样对我说。

我想想是呀，谁的话都可以怀疑，唯独国家的奖励不会奖错人吧！我越这么想，也就越有了采访黄汲清的念头。

到黄汲清家后，我才意识到自己错失了一次难得的机会。大科学家刚刚离世……当然也让我有了很多意外收获——当时有关黄汲清先生的各种“贡献”与“成就”几乎一起汇聚到他家和他的亲人那里。那些日子，我天天在黄家，在黄先生的亲人与同事、学生中间，聆听他们讲黄汲清先生的事。我同样没有想到的是，那些日子里，我简直是在阅读中国“科学全史”。我欣然读到了与鲁迅齐名的丁文江大师的事迹，读到了在“文革”中被陷害冤死的大科学家谢家荣（另一位大庆油田的重要发现者）的悲喜人生，读到了中国20世纪第一代科学家之间的恩恩怨怨，读到了知识界的崇高心灵与丑恶并存的“名利场”……当然，我更多读到了一位虽身材矮小、貌不惊人的“小老头”，却心胸如高山一般巍峨的一生，为祖国奉献才智的伟大尊者黄汲清先生的心灵史——他一生埋头地质科学事业，为中国的第一个油田——玉门油田的发现与开发，特别是大庆油田的发现作出卓越贡献。

在写过钱学森、黄汲清后，我就直奔国家科学大奖的第三位大师王淦昌。这是我的老乡，我家乡值得骄傲的人物！必须写，必须写好。1997年的时候，我还是一个并不太著名的作家，但也有些名气。似乎由于家乡人“吹嘘”的原因，王淦昌大师也对我有所了解。于是到他家后，王老十分开心，原因是“我们常熟的‘一文一武’总算见面了啊！”——他的原话。

“岂敢岂敢，您是大科学家，我是小小的文人。”在原子弹、氢弹制造者面前，我觉得自己弄几个文字实在太渺小。

“哎呀，你可别小看了作家！你们这些人厉害，我就编不出故事！我笨得很。你看，我现在都不会用计算机！”王老竟然这样谦虚。

老实说，当时我的脸非常红。同时又在想：像他这样都能把原子弹造出来的科学巨人，为什么在一个刚刚认识的人面前如此坦诚地亮出自己的“弱点”与短处？这样的人，不可能不被尊敬！

“来来，给你这个小老乡看看这些……”就在我陷入窘境和思考的片刻，只见王老先生摇晃着身子，双手抱着一大沓书卷与资料，从里屋朝我而来。

“这是什么呀？”我问。

“研制原子弹的东西呀！”王老随口而出。

“啊——”我一听，竟然大声叫起来，并连连往后退。“这……这可是绝密东西！我……我不能看……不能看……”当了十几年兵，知道什么是“机密”、什么是“绝密”。造原子弹的东西绝对是“绝密”之“绝密”。军人的职业习惯，令我此刻全身毛骨悚然——那可是国家最核心的机密啊！

“哈哈哈……有趣！有趣！”哪知持握“国家大机密”的王老大笑起来，然后只见他轻轻地将手中之物放在桌子上，一边乐，一边有些气喘吁吁地对我说：“我知道你看不懂，所以给拿出来让你见识见识！老乡嘛，我不能骗你是不是？”他又大笑起来。

原来如此！

我也跟着笑了。这当口，我才发现：原来我的老乡、科学巨人也是位非常幽默之人。

“坐坐！我来讲讲吧！”王老之所以对我“特别热情”，是因为我们一见面就用“常熟土话”对话。在异地他乡，能够用熟练的家乡话对话，实在是种美妙的“乡愁”享受。然而“常熟土话”之难懂、难听、难学程度，实在也令人头痛，它绝不比“广东话”逊色到哪里去。硬、直、拐弯多，恐怕是其特点。我之所以没有当成“小说家”和“诗人”，其中原因之一就是“常熟土话”给害的——它无法让人理解其意，还有一点是说常熟话的人改说普通话，基本上不会成功。当然，现在年轻的常熟人，他们的普通话不成问题。可我这上年岁的常熟人，再改说普通话，一听就不是那个味。故作诗写小说，语境就成为一大问题，所以我押韵和用土话叙事只得罢休，于是很有诗情的我和编故事不太差的我，只好当了个报告文学作家（自嘲）。不过，这并不影响在上海和苏州之间的常熟自古人才辈出的辉煌历史。

殷商时代，周部落诸侯周太王的长子伯泰（泰伯）和次子仲雍（虞仲），为了谦让尊位于弟弟季历的儿子姬昌（即后来的周文王），两人结伴而行，千里迢迢，来到当时仍一片荒蛮的常熟、无锡一带，“断发文身”，垦田治水，渐得当地百姓拥戴和归附。兄弟俩后自称“勾吴”，从而使中华民族有了一块伟大的富饶之地和一个勤劳聪慧的族群。有史记载，伯泰与仲雍兄弟让贤的美德成为千古佳话。又说，这其中仲雍起的作用更大些，因为是他首先劝哥哥伯泰让位于弟弟，兄弟二人看出父亲中意弟弟的儿子继位，所以才有了《史记》和《左传》中“泰伯三让天下”的经典故事。仲雍原名虞仲，在朝中精于文韬武略，又忠厚勤劳而深得人心。他劝哥哥避位让国、开创吴地风物的功绩更令人敬佩。所以在他去世后，根据其遗愿葬于常熟城边的山头，该山后取名“虞山”，此乃纪念虞仲。常熟城又名虞山镇，其历史同伍子胥开创的苏州城差不多久远。

“吾俚都是言子的后代，‘臭老九’！”当时王淦昌已经90岁高龄，但根本看不出丝毫的“老态龙钟”之感。我们交谈间，时不时地有电话响起，王老一听电话声，“噌”地就能从椅子上站起去接电话，随后又会去凉台边跟“妈妈”说一句话。他的“妈妈”就是他的妻子——“我一直跟孩子们一样称呼她……”王淦昌先生的夫人吴月琴，比他大三岁，我到王家那年她老人家已经93岁，听力和身体显老，坐在凉台的椅子上。

“妈妈，这是常熟小老乡！年轻的大作家！”王淦昌先生有趣地弓着腰，凑在妻子的耳边说着。

“好婆——阿晓得何家市呀？我是何家市人！”我用常熟土语，告诉她老家的一个小地名。我看到老人家的眼睛一亮，然后朝我点点头。

“哈哈，有趣！有趣！她还记得何家市……”王淦昌这时欢快地摇晃起身板，像个天真的孩童。后来我才知道，他特别喜欢说“有趣”二字。或者说，“有趣”是他的口头禅。

“有趣！我们俩用常熟话讲真有趣……”听人说，上了年岁的人，越活越孩童化，王淦昌似乎也是。他跟我说话时，常常流露出孩童般的天真，这让我心情放松许多。

“过去他们骂我‘臭老九’，我有点生气。但后来就不生气了，因为我们是常熟人，本来就是‘老九’言子的后代嘛！你说是不是？只是他们在我们‘老九’前面放了个‘臭’字，这就变得不好啦！有趣！有趣！”他的嘴里又是一串“有趣”。

看来日常生活中的科学巨人真是个有趣的人。

我们的老家常熟春秋时期确实有个名人言子先生，他是真正的常熟人，也是孔子在南方唯一的弟子，字子游。《论语》中记载：言子勤奋好学，且以文学见长，故深得孔子赏识。言子曾任鲁国武城宰，他遵师训、行礼乐。孔子过武城时，闻得处处弦歌之声，盛赞学生治道有方。学成南归的言子，道启东南，故被称为“南方夫子”。唐开元八年，言子名列十哲第九，后书人称其为“老九”。在采访王淦昌先生之前，我有机会到过一趟山东曲阜，在孔府大庙前，真的看到十位先哲石像。用心一一数认，第九位的正是我们常熟老乡言子。当我把这件事告诉王老先生时，他竟然拍起手，连声说：“是很有趣呀！言子真的是‘老九’，我们都是‘老九’。‘老九’有啥不好嘛！”

大科学家王淦昌的真实、直爽和有趣，令我的初次采访大获收益，留下深刻印象。“来来，我给你写点字……”告别时，大师拉着我的手，有些舍不得似的这样说。

太令人兴奋了！我赶紧递上小本本，并在巨人的身后，看着他一个字一个字地写着——

“希望你将来成为大文豪！”王淦昌先生写完最后一个

字后，笑眯眯地将本子递给我，亲切而温暖，也有几分期待。那一刻，我真的非常感动，我们这对相差50岁的“常熟老乡”，似乎有些忘年之交的意味。

“我可没那么大的本事呀！”当时的我真是没有想当文豪的勇气与理想。

“能的能的！只要有恒心，铁棒磨成针。”王老先生边笑边对我说。这是我与王淦昌先生最后的对话。

那一天离开他家后的几个月里，我一直在等待第二次采访，并且同时获得了他的许多相关资料。而就在预约再次采访时，突然有一天我在《人民日报》上看到了一则惊人的消息：一位九旬高龄的科学家在家门前的马路边散步时，被一个年轻的骑车人撞倒。那人见老人倒地后竟扬长而去。后来是过路人将他送到了医院。这立刻使我想到了王淦昌。我当即打电话给他家，他的家人向我证实，被撞倒的正是王淦昌老先生！

“现在王老先生怎么样啦？”

“股骨骨折，一条腿不能动弹，医生说至少得住院三个月……”

该死的骑车人！你知不知道，王老先生一旦有个好歹，将给国家带来多大损失！假如这一撞发生在三十多年前，那中国的原子弹、氢弹就可能晚不知多少时候爆炸！据说王老先生被撞的消息被报纸披露后，引起国内外震惊，他所住的北京医院病房里每天都有社会各界人士送来的鲜花，连走廊都被堆得满满的。然而那个骑车人一直未露面。

王淦昌老先生住院期间仍没有忘却接受我采访的事，终因伤势严重被医生劝阻。这是我深感极大遗憾的。因为后来没过多长时间，我国一代核科学大师王淦昌先生就带着他的未竟事业离我们而去了。

1998 年 12 月 10 日，北京的天很冷。夜 10 时还差两分钟，一代科学巨星坠落，永远离开了他所热爱的大地……

岁月如此匆匆。王淦昌和其他“两弹一星”的功臣们越来越多地被人们了解与认识。当年为新中国科技事业和强国梦想作出杰出贡献的科学家们的精神与事迹，很多精彩的人生闪光点，在今天仍然是那么宝贵和出彩。但，王淦昌可能是唯一一位“有趣”故事最多的大院士。故此，我在旧作基础上，对王淦昌大师一生的独特之处，进行了补充和完善，并重新定名，交由青海人民出版社出版。

王淦昌一生除了家乡与北京的生活外，四川绵阳和青海是他最惦念的地方，因为那是他从事秘密工作——领导“两弹”试验时间最长的两个地方，那也是他从事核武器研制最艰苦、最难忘之地。尤其他对四川的感情，甚至超过了家乡常熟，而我也听他说过“四川是我的第二故乡”。

其实我知道王淦昌先生还有一个地方也是他的“故乡”，只是在他活着的时候，那个地方似乎还处在保密期，所以他一直没对外讲过，那就是青海核研制基地……

关于王淦昌的故事，我是从二十多年前的一次特别重要的国际事件开始的——

1999年5月8日晚上10点，当我刚从外地采访顺道回到江苏常熟老家的父母亲身边时，电话铃声突然响起：

“……你看新闻了吗？北约把我国驻南斯拉夫使馆炸了！今天大学生们和不少市民都到大街上游行呢！”在北京的家人告诉我一个晴天霹雳般的消息。

我急忙打开父母一直用着的那台14寸黑白电视机，看到了我国驻南斯拉夫使馆被炸得血淋淋的场面和首都大学生们在美国驻华使馆前愤怒声讨的镜头……这一夜对许多中国人来说是个不宁静的日子。我睡不着，并且一直在思考着这样一个问题：以美国为首的北约为什么公然在全世界面前，在光天化日下悍然发动对我国驻南斯拉夫使馆的野蛮轰炸？

如果我们的经济和军事实力与其相当的话，它敢发动这样的野蛮袭击吗？在这个令亿万国人悲愤与深思的夜晚，我情不自禁地想起了一个人，他就是我的同乡，中国原子弹、氢弹研制的主要领导者和组织者之一的王淦昌院士。

1964年10月16日，当广播电台传来我国第一颗原子弹爆炸成功的喜讯后，就有人传言说王淦昌先生是中国原子弹的主要领导者和研制者。直至20世纪80年代，有关我国研制原子弹等核武器的内幕不再成为“绝密”时，我和我的常熟老乡们才知道，在历次全国人大常委会委员名单上那位叫“王京”的人，原来就是王淦昌先生！

一位世界闻名的大科学家，在和平时期为了国家的特殊使命，隐姓埋名长达十七年之久，这在世界历史上是极其罕见的。

当年参与中国“两弹”研制的一批杰出科学家中，有被人或称为“两弹元勋”或称为“两弹之父”的著名科学家钱三强、邓稼先、朱光亚、周光召、彭桓武……那么，王淦昌在这批科学巨人中处于什么地位呢？

还是让我们用现在已经公认的中国核武器领导者和组织者之一的钱三强的话来说：“我的学长王淦昌同志对我国原子核科学基础研究和原子能的应用作出了重要贡献……淦昌同志是清华大学第一届物理系毕业生（1929年毕业），比我高七级，他在学校时的教授有叶企孙、吴有训等，教师有赵忠尧等。我们在学校常听老师们提到第一届学生中的王淦昌……1949年7月为了准备召开第一次政治协商会议，曾在北京召开过自然科学工作者大会筹备会。在这期间，我第一次见到了浙江省代表、闻名已久的王先生。王先生深厚的科学知识、开朗的性格和直率的发言，给我印象深刻。当时就想到，要发展我国原子核科学时应请他一起参加。”新中国成立后不久，中央立即作出了成立以原子核研究为主的近代物理研究所的决定。这个最初设在北京东皇城根、后迁到中关村被后人称为“中国核摇篮”的研究所，其第一任所长就是钱三强，副所长则是王淦昌和彭桓武。而身为所长的钱三强从此时起不仅是位著名的科学家，同时又是位著名的社会和政治活动家，许多场合上需要出面。正如他自己所说：“当时，我还兼任科学院计划局工作，又先后参加过几次保卫世界和平会议和有关工作，因此所内的组织领导责任就落在王先生和彭桓武同志的肩上，而王先生承担了主要责任。1956 年周恩来总理主持制定我国科学发展十二年规划，其中原子能科学部分的初稿是由王先生主持拟定的。规划定稿中包括了质子加速器、电子同步加速器的建造，辐射化学的研究和同位素制备等，使得规划扩大了。所有这些，包括低能核物理、应用核物理、宇宙线、高能核物理、反应堆、加速器、放射化学、同位素制备等方面，为 1958 年研究所（近代物理研究所 1953 年 10 月改名为物理研究所）改名为原子能研究所（由第二机械工业部和中国科学院双重领导）的科学技术范围勾画了初步蓝图……”

钱三强先生说的后来这个由二机部和中科院双重领导的“原子能研究所”，自苏联背信弃义撕毁同我国一切合作协议后，经毛泽东同志亲自批准，成了后来专司负责研制中国核武器的“九院”（二机部第九研究设计院），其前身为核武器研究局（所）也称二机部“九局”和“九所”。

“九院”在 20 世纪六七十年代里，是以毛泽东为首的第一代领导人心中的“宝贝疙瘩”，在国家高级机密会议上常被念叨。为了神秘的使命，中央将这个绝密单位有意设在首都西郊的元大都的土城墙边。那里一片荒芜,长满了灌木和杂草。住在这里的农家突然有一天发现在田间地头上耸起一座灰色的四层大楼，周围是高高的围墙，门口有解放军站岗，常有各种轿车进出。于是“灰楼”便成了一个神秘禁区。一二十年后，人们才知道，这神秘的“灰楼”是中国研制核武器的指挥机关与核心部门。

“灰楼”现在依旧耸立在原地，周围有了无数远比它高大和宏伟的建筑。往日的“灰楼”淹没在闹市之中的海淀花园路的中央地段。当我站在车水马龙的大街上，望着百米之外的那座至今仍充满神秘色彩的“灰楼”时，眼前突然升腾起那光彻天地的“蘑菇云”……

“九院”院长是李觉将军，他是在聂荣臻元帅领导下直接指挥“两弹”研制的现场组织者。三位副院长便是主管核试验研究的王淦昌、主管理论研究的彭桓武和主管设计研究的郭永怀。朱光亚、邓稼先、周光召则是王淦昌手下的研究室负责人，极富才能且十分年轻。从1961年初起，“九院”的骨干格局一直沿袭至1978年。后来李觉将军不再兼任院长了，由时任二机部副部长的王淦昌兼任院长，直至1982年9月。朱光亚和邓稼先、周光召等人也先后升任为副院长、院长职务。

“王淦昌是我国核武器研制的主要奠基人之一。他不仅参与了我国原子弹、氢弹原理突破及第一代核武器研制的试验的研究和组织领导，而且在爆轰试验、固体炸药工艺和新型炸药、高功率脉冲技术，以及核武器试验等实验诊断方面进行了奠基性研究，指导解决了一系列关键技术问题。在开展地下核试验过程中，他花费了巨大精力和时间研究与改进测试方法，使我国仅用很少次数的试验，就掌握了地下核试验测试的关键技术。”周光召同志写这段评语时是1996年2月。

作为一位著名的物理理论科学家和中国科学院院长，一向用词极其严谨的周光召，在评价王淦昌先生对中国核武器研制的贡献时，在仅有不到200个字且大部分是专业名词的评语中，重复用了两次“奠基”和两次“关键”的字眼。显然，王淦昌是当之无愧的真正的中国“核弹先驱”。

“两弹”成功爆炸之后的若干年里，在“两弹”研制中作出重大贡献的一批著名科学家后来都从“国家特级机密”的帷幕后走到了政治和社会活动的前台，成了众所周知的人物。而王淦昌是为数不多的几个一直没有走出神秘帷幕的“两弹”研制工作的大科学家之一。其原因有二：一是中央决定王淦昌参与“两弹”研制领导和组织工作时他已55岁了，是所有直接参与研制工作中年龄最大、资格最老的科学家。1978年3月，邓小平在全国科学大会上作出了“科学技术是生产力”的重要论断，长期得不到应有政治待遇的“臭老九”们第一次有了走向政治舞台的机会。王淦昌此时已是71岁高龄了，他说，当国家领导人是要有管全面工作的大才的，我老了，有生之年再为中国核能事业做些业务工作便是最大欣慰。因而当与他并肩战斗十几个春秋的“后生”们如钱三强、朱光亚、周光召等都成了全国人大常委会副委员长、全国政协副主席或中国科学院院长、中国工程院院长时，他则继续埋头在中国核能工作的第一线上。虽然那时他也有全国人大常委会委员、全国科协副主席、中国核学会理事长等职务，但他依然是位不被公众所知的神秘人物。二是研制“两弹”是中国的最高机密，所有参与者即使是工地炊事员也得“三代贫雇农”出身，政治审查是最严格的，凡与“两弹”研制工作沾点边的几十万参与者中，几乎是清一色的中共党员，但王淦昌不是，而且是核心领导层中为数不多的非中共党员决策者。王淦昌当时被推荐为“九院”副院长，直接负责“两弹”研制的领导和组织工作，是毛泽东和周恩来亲自批准的。从 1961 年 4 月走进那座“灰楼”起，他经历了长达十七年之久的隐姓埋名。他是参与“两弹”研制工作的科学家中隐姓埋名时间最长的一个，即使是在可以公开身份之后的七八年中仍严格按照组织规定，极少露面，更不太用自己的真名。

1979 年 10 月 20 日，王淦昌加入了中国共产党，此时他正好 72 岁。介绍他入党的是与他并肩战斗几十年的另一位我国杰出的核工业领导者李毅同志和著名核化工专家、当时的二机部副部长姜圣阶同志。王淦昌何以在“大功告成”且年逾古稀的时候要求加入无产阶级先锋队？在他的入党申请书里，我看到了这位为民族作出卓越贡献的老科学家发自肺腑的一段话：“我亲身体会到，在帝国主义蹂躏下，灾难深重的中华民族，没有中国共产党，就没有新中国。我们是一个 10 亿人民、8 亿农民的大国，这样一个大的国家，没有共产党的坚强领导，要建设社会主义强国是不可能的。经过了‘十年动乱’的曲折和十一届三中全会的召开，我更加深信中国共产党能够依靠自己的力量，纠正错误，端正航向，团结带领全国人民建设社会主义、走向共产主义。因此，我决心申请加入中国共产党，为社会主义现代化建设，为共产主义奋斗终身。”

他的入党介绍人之一李毅同志，在王淦昌先生八十寿辰时说过一段很感人的话：“淦昌同志是一位德高望重的核物理学家，是我国核物理科学研究工作的主要奠基人之一，是我国第一个原子能科学研究机构的主要创始人之一。在新中国成立后几十年里，他为核科学在中国生根，为培养一代又一代核科学研究人才，为我国核科学取得世界先进水平的成果呕心沥血；为自力更生，突破原子弹、氢弹科学技术关，发扬国威，作出了重大贡献，建立了功勋……他生活艰苦朴素，胸襟坦荡，敢于说真话，敢于开展批评，也能听取别人的批评和不同意见；他富于民主精神，善于集中大家的智慧，发挥众人的才干；他热情宽厚，平等待人，从不妒贤嫉能，从不凭个人好恶嫌弃人才；他在研究工作时惯于亲临科研第一线，亲自动手，对年轻人耐心培养；他对党政干部、后勤人员也平等相待，一视同仁，从不以权威科学家自居，不盛气凌人，不鄙视别人的劳动。他确实树立了知识分子、科学家与党政干部、后勤人员同志式团结合作的典范。”

1997年一个夏日，我终于在北京木樨地的“部长楼”里见到了我久仰的“老乡”。

“啊，老乡来了！坐坐。”90岁高龄的王淦昌老先生一口纯正的“常熟土话”，使我心头紧张之感荡然散去。初次见面，我就惊喜地发现：这位像泰山一般的丰碑人物没有半点架子，身子骨之硬朗程度令人难以想象。他刚拉着我的手坐下，就有电话打来。坐在沙发里的他竟无半点拖沓之感，站起来直奔电话机，说话的声音也格外清朗洪亮。我当时就想：老先生活 100 岁不成任何问题。

王淦昌思维的活跃和惊人的记忆力，使我消除了采访的疑虑，于是给他留下了一长串问题，并另约其他时间长谈。他爽快地答应了，并约我下次一起去吃常熟的阳澄湖大闸蟹。可后来我一直没有等到王淦昌老先生的电话，却从报纸上看到了他被撞伤的消息。之后的一年多时间里，断断续续地听到他家人说王老先生在医院的情况，直到后来到了 1998 年 12 月 10 日，又从报上知道了王淦昌不幸去世的消息……作为小老乡，作为准备继续采访的作家，我无比悲痛与遗憾，也觉得十分无奈。

1999 年 5 月 9 日，北约袭击我国驻南斯拉夫使馆第二天清晨，一夜未眠的我，忍不住再次来到三十年前曾经拜谒过的王淦昌故居，缅怀我心中的大师。当我默默地向王淦昌出生的农舍鞠躬时，那个名叫枫塘湾的村民都围拢过来，他们都在谈论一个话题：北约欺人太甚，假如王淦昌还活着，再造几样厉害的武器，看谁还敢侵犯我们中国的尊严！

站在故乡的土地上，我仰望星空，王淦昌院士的形象犹如天际的巨星，光芒闪耀——令我眼前一片明亮！

目 录
contents

目　录

contents

第一章

“有趣”的他，身为清华首届学生，却已是两个孩子的父亲

与王淦昌院士谈起“少年父亲”时，老人家又是一串“有趣”之后，哈哈大笑着，走到一旁的“妈妈”面前，说：“你生第一个孩子时应该有20岁了吧！而我才十七八岁，有趣，太有趣了！自己还是个孩子，家里却有了小囡囡……”囡囡是我们常熟土话中“孩子”的意思。

王淦昌的故乡江苏常熟支塘镇，位于常熟城东，与太仓邻近。支塘镇不大，但地理位置十分重要，是旧时苏州、常熟往上海走的必经之路。现今大上海繁荣富饶，想当年上海滩还是个小渔村时，支塘镇已经商贾云集，河江船帆林立，生意兴隆得很。后上海越发扩大兴旺，苏州、常熟的商人大批涌入上海滩，加之18世纪中叶的太平天国军横扫江南富饶

大地的每一城、每一镇，甚至每一村宅，苏州、常熟的富商豪家纷纷迁移到黄浦江边的上海滩。从苏州、常熟到上海百余华里路，在没有汽车、公路时代，靠车马和人的双腿，一天下来，也就四五十里。支塘镇便成了当时苏州、常熟富商豪家东迁上海的一个必定要歇脚的地方。流经此地的横泾塘也变得热闹异常，小镇上的茶馆越开越多，各种小商铺也增多起来，到了 20 世纪初，小镇上已经有几家私塾学校。

1907 年 5 月 28 日，王淦昌出生。他的家不在支塘镇上，而是距小镇有十几分钟步行路程的一个叫枫塘湾（现枫糖村）的小村子。别看这个枫塘湾村不大，但名气不小。因为这个村里有一位名气不小的“郎中”（中医师），叫王以仁。王郎中不仅能给村里村外和支塘镇上的人看病，而且还常被人叫到常熟城里去给人看病。能到城里给人看病的郎中，就不一般了。可见王以仁的医术是有相当水平的。

王以仁不是别人，正是王淦昌的父亲。小时候我听爷爷讲故事时，就知道支塘镇有个“王郎中”治病非常厉害。我爷爷说，他的爷爷在太平天国军杀到我家乡时，一把火烧了我“老何家”的大宅三天三夜,我爷爷的爷爷因此得了一场病，是支塘镇的“王郎中”给治好的。

王郎中名气由此可见一斑。以前当地人都知道王郎中有三儿三女，王淦昌是最小的一个儿子，也就是说王淦昌之上有两个哥哥。其实有些误传。确实，在王淦昌之上，王郎中还有两个儿子，大儿子叫王舜昌，二儿子叫王弋昌。其实，这两个儿子都非王以仁的亲儿子，也就是说也非王淦昌的亲哥哥。事情是这样的：王以仁有个前妻给他生下三个女儿，在两个大女儿出嫁之后，其妻病逝了。没有儿子的王以仁很着急，便把三女儿“绑”在家里不肯嫁人了，于是招进一个女婿。这女婿很会做人，进王家后便改姓换名，叫了王舜昌，这样便成了王家的老大。王舜昌是很勤快的人，又跟王以仁学医，王以仁觉得自己有了真正的儿子了。“尽管如此，我父亲仍然希望自己能有一个儿子续他王家的香火。后来他又娶了邻村一位年轻姑娘，指望她能为王家生个儿子。这个年轻姑娘叫宗秀宝，就是我的母亲。”王淦昌对我说。

宗秀宝进王家后的初几年，肚子里没有任何动静。这让王以仁和宗秀宝非常着急。一则王以仁娶亲的目的没有达到，二是王以仁自知年岁大了（快过五十之人），三则若此下去，王家的家业必定被“外人”所袭——女婿王舜昌已成事实上的继承人了！能不急吗？关键是“没儿”的新媳妇宗秀宝有何脸面在世上？

王以仁是走南闯北的郎中，他想出了个办法：领个继子为儿。就这样夫妻俩一商量，领了一个儿子，取名为王弋昌。排行王家老二。王家办完这事后以为就此了结心事，哪知没过多少时间，宗秀宝竟然怀孕了，且一生下来，竟然是个儿子！

“开心！开心吾也！”已是花甲之年的王以仁郎中老来得子，别提多高兴。满月那天，王郎中“豪放”了一回，请来乡里乡亲数十桌亲朋好友，举杯庆贺自己的亲生儿子出世。

“王淦昌，淦，乃吾儿为水乡之金贵人也！”王以仁对众乡亲好友解释儿子的名字，颇有兴高采烈之意。

“你为我们王家立了大功！”王以仁从此对宗秀宝更加爱护、赞赏。

“母亲在王家的地位显然一下提高了很大一截。我更不用说，自然成了父亲的心肝宝贝。只要有空，他就把我抱在怀里，逗我玩乐，和我说各种我还听不懂的话……”然而好景不长，在王淦昌不满四周岁的时候，当郎中的王以仁因患病医治无效，突然故世。

王家的顶梁倾倒之后，女婿改为“儿子”的老大王舜昌继承父业，继续当医生，同时做些药材生意，王家主要经济靠他支撑。王淦昌的母亲则操持着全家的生活。宗秀宝读过私塾，算是有知识的女性，在当时当地，已经是不简单的女性了。王淦昌在这样的母亲怀抱中成长，受益匪浅。母亲惜爱自己唯一的儿子，常关爱有加。王淦昌小时候身体瘦弱，母亲更加为他操心，常如女儿一般带在身边。小时候的王淦昌，也因此格外听话孝顺。外婆也特别喜欢他。

“外婆不认字，但通情达理，肚子里装了许多有趣的故事。什么‘铡美案’‘三侠五义’‘杜十娘’‘岳飞’……她都给我讲。讲得我后来一天不听故事就闹。外婆又总满足我的要求，所以我也特别喜欢外婆。小时候在心里就把外婆放在母亲之后作为最亲近的人。有人问我谁最好时，我就会说：妈妈第一，外婆第二……她讲的岳飞的故事我印象最深，对我影响最大。

外婆经常教育我要像岳飞那样胸怀大志，精忠报国。这些话我一直记着。后来国家让我隐姓埋名搞核事业，我二话没说，就许下誓言：愿以身许国！”王淦昌从小就是个有志向的人，外婆讲的故事起了很大作用。

六岁那年，母亲带王淦昌去私塾学校读书。老师是位晚清忠士，虽然当时清朝已被推翻，但这位教王淦昌的老先生依然留着大辫子。不过老学究教学生很严格，谁背不出《三字经》《百家姓》，谁就得被打手心。“除了念书，我还要练写毛笔字，先学描红，再一个个字写。我背书写字都很认真，所以没有被打过手心，每次先生都夸我书读得好。”王淦昌回忆道。

“娘给你新找了个学校，那里学的东西更多。”八岁的一天，母亲把王淦昌叫到身边，给他换上一件新衣裳，说，“不过远了一点，在沙溪，得住校。以后你要自己管自己了。”

沙溪离支塘镇二十来华里，比支塘到常熟城近一半，但沙溪不属于常熟，是太仓的一个名镇，其历史很悠久，镇上也有不少名士。因靠近上海，受西洋教育和海派文化影响很直接，所以母亲觉得把儿子放在那里应该更有前途。王淦昌一方面很高兴到沙溪念书，同时又感到一份浓浓的不舍之情——毕竟第一次离开母亲，他内心有些不安。

像一只单飞的小鸟，到沙溪读书后的王淦昌只能一个月回家一次。那时一二十里路，只能靠船来接送。水路二十来里，也得小半天时间。小小年纪的王淦昌为了早一刻见到母亲，他总嫌木船走得太慢，就迈开小腿，走旱路。

“我从一年级读起，国语课（就是现在的小学语文）学的内容和私塾差不多，有些课文在私塾里已经学过，所以学起来比较轻松。而算术课（现在叫数学）在私塾里没有学，学起来觉得特别新鲜，我对它产生了很大的兴趣。那些算术题好像是一些有趣的游戏，我都用心去学。乘法口诀我能倒背如流，我深深爱上了数学，可以说后来走上科学的事业道路，与那个时候喜欢数学有关。真是有趣极了……”王淦昌这么说。

一生喜欢说“有趣”二字的王淦昌，也许就是从这个时候，就选定了科学家之路。

许多有趣的事还在后面。

12 岁那年，北京发生了一场声势浩大的学生运动，也就是著名的“五四运动”。这场运动影响全国各地。小小的沙溪小学也因此受到影响，像王淦昌这样的小孩子，也举着小旗上街参加反对帝国主义的游行。“我们在老师的带领下，举着小旗走在游行队伍的前面，感到非常自豪，无比光荣。我们虽然年纪小，但知道自己是在为国家兴亡呐喊、出力，像岳飞一样精忠报国。我从小就崇拜岳飞，上街参加游行那一刻，好像自己当了回岳飞一样自豪。哈，真有趣！小小年纪，就知道这样的道理。”王淦昌回忆少儿往事，感慨道。

然而，大师的人生之路并不平坦。在他读小学五年级时，他最亲爱和依靠的人——母亲因过度劳累，患肺病不治去世。当人们抬着棺材走向坟墓的那一刻，王淦昌悲痛欲绝地趴在母亲的棺材上就是不让人抬走，谁也拉不开他……“当时我想，父亲已经走了，母亲又要走了，我不成孤儿了？所以我就是不放母亲走！我哭啊哭，哭得天昏地暗，好像整个世界要塌下来似的。最后是外婆过来安慰了好久我才算了事，可我还是伏在外婆怀里哭了半天……母亲突然去世的那一幕，我永远记得。”90 岁的王淦昌说到此处，眼里依然噙满了泪花。

一个没有男人的家庭，是严重残缺和不安宁的家庭；一个没有母亲的孩子，则是更大的不幸。王淦昌 13 岁那年，父母双亲皆离他而去。这个打击对年少的王淦昌而言，是空前和无法用言语所能形容的。好在他有一个与父亲一样保护着他的大哥王舜昌，和母亲一样爱他的外祖母。

“好囡囡，来，好婆（常熟土话）有事情跟你讲。”母亲去世几个月后的一天，王淦昌从沙溪学校回家，外婆就把他叫到膝前。

“好婆，有啥事体呀？”王淦昌不知何事，问道。

外婆抚摸着已经长过她头的王淦昌，然后长长地叹了一口气，说：“你娘走了，家里没人照顾你，这样不好。我想给你娶个媳妇，一好照顾你，二也算你自己有个家。”

“这……我还在念书呢！”才 14 岁的王淦昌完全没有想到他这么早就要成家立业找媳妇，所以不知如何是好。

“囡囡听话。好婆不会害你的。”外婆说。

“嗯，我听你的。”王淦昌一向最听外婆的话，尽管他还根本不懂娶媳妇对他这样的一位少年学生意味着什么。但那个时候的王淦昌，只要外婆让办的事，他无条件服从。再说，当时的农村，封建意识极盛，小小王淦昌又能怎样呢？何况，是外婆说的事，那一定不会是坏事。他心里这么想。

很快，趁王淦昌放暑假的日子，在大哥和外婆的张罗下，王淦昌的婚事就给办了。新媳妇叫吴月琴，是邻村的一位比王淦昌大三岁的姑娘，已经成熟。吴月琴本来就是吴家勤劳淳朴的闺女，现在到了王家照顾比自己小三岁的“秀才”小丈夫，自然周到又温情，这对没有了父母之爱的王淦昌来说，让他感到格外温暖。尤其是他在沙溪寄宿念书，什么事都得靠自己，现在一结婚，见啥事都有体贴、温存的“娘子”（常熟当地称妻子的土话）来照顾，心头其实蛮舒服的。

“真是这样的啊？！”七十多年后，我打趣地问王淦昌老先生。他竟然乐呵呵地颠着小步跑到已是93岁高龄的“妈妈”身边，弓着身子，有模有样地问道：“妈妈，你说我当时是不是被你照顾得舒舒服服的？”

耳背的“妈妈”没有听清，瞪着双眼看着也已90岁的“小丈夫”，不知何事地张着嘴，什么话都没有说。屋子里，留下的是我和王淦昌院士的窃窃笑声。

这里不得不用几句重墨说一说科学大师的爱情观、家庭观。

也许大家无法想象，一位是后来留洋海外并闻名世界的大科学家、一位则是裹了脚的农村小脚老太太，然而他们的婚姻走过了平平常常又和和睦睦的七十余年，用王淦昌的话说：“我们虽然在工作和学问上没有半句共同语言，但却生活得和和美美，从没有吵过嘴。在我读小学和中学的时候，她在生活上一直照顾着我，也照顾着家。在我们王家大家庭中，她也表现得得体、勤快，又和善，所以哥哥嫂嫂们也喜欢她。后来我到北京上大学，又出国留学，一门心思学习科学文化，心里想以后要报效祖国，家里的事好像感觉就是有她顶着，根本不用我管似的。”

王淦昌年轻时，一表人才，风度翩翩。尤其是在清华大学和德国留学，包括后来回国在山东大学和浙江大学当教授，甚至 20 世纪 50 年代被派到苏州工作期间，风华正茂的他，不乏有漂亮而知性的女青年、女学生喜欢上他。但一旦被满脑子“科学”的王淦昌发现“苗头”不对时，他会立即涨红了脸、瞪着双眼，斥道：“那怎么行！我家里有老婆呢！她像我娘一样对我好，我可不能做没良心的事！”

“硬木头人！”有人这样偷偷骂他。王淦昌知道后不仅不生气，反而高兴地拍着手，说：“有趣！我是为她们好，可她们反倒骂我，这个我弄不太懂……”

吴月琴一生心甘情愿地为王淦昌拖孩子、管家庭，还在王淦昌当“学生囡”时，她已经是两个孩子的母亲了。而在她眼里，“小丈夫”王淦昌其实也是一个大孩子而已。王淦昌的第一个孩子出生后，一次他从上海回家，一听说家里人叫他去抱自己的孩子，王淦昌竟然吓得躲了起来，半天不敢出来见人，更不敢去认自己的孩子。

沙溪小学毕业后，王淦昌对学习已经上了“瘾”，外婆也十分鼓励他去念书，并且介绍他到上海浦东中学就学。王淦昌到浦东中学上学，主要原因是有一位叫崔雁冰的先生在那里当教务主任。崔雁冰是王淦昌的表哥，外婆特别向这位崔氏亲戚吩咐了许多话，让他关照好年少的王淦昌。不用说，“自家人”的王淦昌到了浦东中学，既没有感到孤独，也没有感到生活上有什么不便，相反，爱学习的他如鱼得水，因为这里的校区远比沙溪小学大得多而且还有教学楼、实验室、大礼堂。礼堂前后有运动场、操场。操场上竟然还有游泳池、旱冰场，这都是王淦昌从前没有见过的“新鲜玩意儿”！

“进校后，才知道，这所浦东中学是著名人士黄炎培先生1904年受当时的上海滩名人杨斯盛先生委托所建的，是完全按照现代教学模式建设的一所中学。浦东中学在当时的中国，名气很大，那时就有“南浦东，北南开”之说。在黄炎培先生的栽培下，该校毕业生几乎能考上著名大学，如文学家闻一多、科学家钱昌照、教育家夏坚白、史学家范文澜、革命家胡也频，以及蒋经国、蒋纬国等许多名人。这些人都对我产生过重要影响。我尤其对出钱建这所学校的杨斯盛先生格外敬佩。杨斯盛先生是靠双手打拼出来的上海滩富豪，生前委托老乡黄炎培建好这所学校后的第二年便去世了。后人对杨先生特别尊重，所以捐款在校园内建了一尊杨先生的铜像。我进校的第一天听说杨先生的故事后，就非常感动，感动他的奉献精神。第二个让我感动的人就是表兄崔雁冰。他在学校不仅是教务部主任，还兼任英语老师。他对我在学校的帮助无微不至，让我一辈子不忘这份情谊。俗话说，师傅领进门，修行在个人。当时我就在想，表兄他工作那么忙，我绝对不能给他找麻烦，自己一定要争气，取得好成绩，为表兄增光。”王淦昌成为大科学家后，晚年专程去答谢表兄崔雁冰。

“你现在是我们浦东中学出来的最有影响的名人之一，大家为你骄傲。我也沾了不少光。”数十年后再见的老表兄崔雁冰握着王淦昌的手激动不已，连连感叹道。

王淦昌则说：“如果没有当年表兄你的关心关爱，哪会有我王淦昌日后的一些成就呢！”

两位世纪老人重逢的那一幕令浦东中学的师生们十分羡慕与感动。

这是后话。

有人说，一个人在长知识的最初阶段，将会影响到他一生的成长和事业成败的方向。那么对王淦昌来说，浦东中学的四年，用他自己的话说，“这四年是自己知识和爱好打基础的关键四年”。他进而指出：“在青少年时期形成的一些好的习惯、思想作风，以及学习方法等，对以后的学习、工作都起着重要作用。中学时代在人的一生中是一个十分重要的阶段，希望青少年朋友珍惜自己的少年时代，把握住这个重要阶段，在身体、学习、思想作风等各个方面打下好的基础。”

王淦昌自己在浦东中学四年里就是极好地完成了身体、学习、思想作风这三个重要方面的锤炼，并打下了坚实的基础，这为他日后成为世界级的科学巨人奠定了敦实的基座。尤其是数学方面，让他成了爱动脑子的人。在生活上，因为母亲的去世，大哥给他的钱除了交学费和住宿费外，极少有零花钱，这就养成了王淦昌一生的艰苦勤朴作风；另一个也影响了他一生的就是：报效国家、无私奉献。“这是我从浦东中学创建人杨斯盛先生身上学到的。”王淦昌自己这么说。从小王淦昌的身体一直很弱，浦东中学十分重视体育，在历届省际运动会上成绩出众，所以在这样的环境下，王淦昌也积极参加体育活动，慢慢地在身体方面变得强壮和坚实起来。这是他没有想到的特别收获。

1924 年，王淦昌高中毕业。那个时候，他已经特别喜欢数学和英语了，这也为他在日后成为世界级科学大师储备了必要的个人能量。我们知道，近一百年前的中国，当时的大学教育还处在萌芽时期，包括北大、清华。北大的前身叫“京师大学堂”，而清华最早叫“清华学堂”，后改为“清华学校”。到了 1925 年才设立大学部。在汽车学校干了一年“汽车工”的王淦昌就是在 1925 年听说清华有了“大学部”后，一举报考成功，成了清华大学的首届学生。

也就在他报考清华之前，上海发生了震惊全国的“五卅”惨案。当时正在汽车学校的王淦昌跟着同学们一起上街游行，高喊反对帝国主义的口号。他抱着传单到处散发，结果在租界地被一名印度巡捕抓住了。“那个印度人力气好大呀！他用一只大手死死钳住了我的双手，我连挣扎的力气都使不出来，只得由他押着走。后来，我用英语对他说：‘我是为自己国家的命运而斗争，你却为我们的侵略者效劳。如果这事发生在你的国家，你能去抓自己的同胞吗？’这个印度巡捕看看我，没有再说话，找了一个偏僻的地方就把我放了……”

这年夏天，王淦昌考上了清华大学。这是他成为大科学家的一个重要的阶梯。

从浦东中学，再到清华大学，有一件事王淦昌从来不曾在外人面前提过，那就是他已经结婚并且已是孩子的爸爸了！18 岁上清华大学，他也才是“学生娃娃”，而在三四年前还是更小的“学生娃娃”时，他就已经家有“娇妻”了，并在被清华大学录取前的 4 月份，刚当了爸爸。

“太有趣了！这是我最感觉脸红的事……”90 岁的王淦昌一谈起此事，脸上就泛起红晕，仍然有些不好意思。

“旧时代嘛！我也没有办法。”他说。

确实他是个标准的“学生娃”。家里的事情对他而言，只是“家里的事情”，好像与他没多少关系。他的心思完全在学习和长知识上。

清华大学迎来的这个从江南水乡来的学生，实在也是学校本身的一份荣耀。当时的清华大学，也不乏王淦昌这样的天才少年。当然更耀眼的是这个时候的清华大学吸引了一批当时中国最有才华的教授先生们，如梁启超、王国维、陈寅恪、赵元任、李济等国学大师。不用多说，那时清华的理学院更有一批精英人物在，他们是我国物理学、化学等科学领域的奠基人。有一些情况现在的大学生们是不知的，比如当时的清华大学物理系，只有两位教授，一位是叶企孙，一位是梅贻琦，两人都很年轻，尤其是叶企孙，只有28岁。之后在叶企孙的请求下，熊庆来、吴有训、张子高、周培源、陈桢等著名学者也进入了清华大学物理系任教。不过，王淦昌入学时，主要教授是叶企孙和吴有训，这两位中国物理学奠基人成为王淦昌的导师，用王淦昌的话说，“那是他的福气”。后来中国的“两弹一星”等高科技领域的功勋人物，基本上都是这两位大师的学生。王淦昌作为清华大学第一届学生，自然得到叶企孙、吴有训的“真传”更多些。王淦昌在成为科学大师之后回忆起清华二位恩师时，仍能清晰地说出他们对自己成长的不同帮助。

“叶先生讲课从不照本宣科，常常结合课程内容，介绍些国外的最新研究成果。他把一些基本概念讲得清清楚楚，重要的地方总是不厌其烦地重复讲解，直到大家都听懂为止，我们都爱听他的课。他对我们的学习情况也很关心。有一次，他专门找我谈话，了解我的学习情况，平和地问我对物理课有什么意见，他告诉我，如果有问题随时可以找他。这对我是很大的关怀和鼓励。由于叶先生对我亲自传授和指导，使我对实验物理产生了浓厚兴趣，所以在一年后分科的时候，我没有去化学系，而是选择了物理系。”王淦昌刚入清华的时候，化学、物理都属于理学部，并没分开，到第二年才分开。

不久，叶企孙先生当了理学院院长，吴有训先生出任物理系主任，吴先生就成了王淦昌的导师和教授。

“吴有训也是位著名实验物理学家。他于1921年美国芝加哥大学跟随康普顿教授从事物理研究。1923 年，吴有训参加了教授的一项重要物理实验，并取得世界性影响，这就是有名的‘康普顿效应’。在许多教科书上，‘康普顿效应’被称作‘康普顿 – 吴有训效应’，是因为吴有训参与了这个有世界影响的科学实验。吴先生给我们讲授的是近代物理学，内容很新颖，大部分是近代重要的物理实验和结果。听他讲课不仅增长了知识，还常常觉得是一种享受。他讲课的嗓门大，备课充分，选择的材料都很精练。他特别善于引导学生自学或者个人推导，从而去掌握一些近代物理的理论基础。我清楚记得吴先生开始教授刚刚一个来月，就举行了一次小考。他出了一道题：‘假定光是由称之为光子的微粒组成，那么当一个光子入射到一个静止的电子上面被散射到另一个方向时，它们的能量将如何变化？’当时我们都是第一次听到‘光子’这个很陌生的名词，但根据吴先生的指导启发，我们慢慢也能推导出正确答案。吴先生就很满意地说，这个光子被电子散射的问题，就是他和康普顿教授进行的‘康普顿效应’实验。吴先生对我最重要的影响是：他对物理学学生的要求中特别强调动手能力。他经常讲，实验物理学要从使用螺丝刀开始……”王淦昌讲到这里，特别强调和这样比喻自己的恩师，“中国后来能够拥有原子弹的天地，如果没有吴有训先生当年手把手地教我们从拧螺丝钉开始进行实验性的艰苦工作，那么我们这些承担国家核试验的科学家，至少可能要晚十年八年才能把原子弹送上天。”王淦昌继而与我谈起中国原子弹成功爆炸时，感慨道："物理科学上任何一种发现或通过物理现象进行的任何一种核试验，没有百次千次甚至上万次试验，那是天方夜谭！"王淦昌还举例说，著名核物理学家钱三强就是受吴有训先生的影响，其动手能力特别强，因此也成了居里夫人的高徒、世界著名的物理学家。

"叶先生和吴先生都是我的物理学启蒙老师。在他们的言传身教下，我走上了物理学的研究道路。我能在工作中取得一些成绩，也是与他们的教导，与在大学里打下的坚实基础分不开的。"王淦昌永生不忘清华大学和那里的恩师。

1929 年，王淦昌作为清华大学物理系第一届学生毕业。当时班上的同学连他只有四个人，四人中后来有三人都成就卓著。在清华期间，有一件事给王淦昌印象极深，那是 1926 年 3 月 18 日这一天，王淦昌经历了一场终生难忘的生死考验。那天，清华大学学生会集会，声讨日、美、英等国借口所谓的"大沽口事件"向中国政府发出最后通牒的荒唐行径。后来集会变成了大游行，清华、北大、师大、女师大等高校的学生都加入了游行队伍。在游行队伍向铁狮子胡同的段祺瑞政府前的广场进发途中，全副武装的军警突然向学生开枪。走在游行队伍前面的王淦昌看见身边一位同学倒在了血泊之中，他惊诧地抬头时，又见女师大的两位同学也惨叫一声倒下了……王淦昌被乱了阵的人群挤到了墙角边，才免于一难。这就是震惊中外的"三一八"惨案，当时共死了 47 人，受伤 150 多人，王淦昌的一位同班同学也牺牲在这场惨案之中。当晚，王淦昌来到叶企孙教授家，诉说了白天的惨景。叶企孙听后，满腔义愤：“科学，只有科学才能拯救我们这个苦难的民族！”数十年后，王淦昌回忆起当年的情景，神态异常严肃地说：“叶先生的话，当时深深地烙在我心中，可以说从那一刻起我下定决心走科学救国的道路。几十年来，我无论走到哪儿，都始终不忘为了实现‘祖国需要更加强大’这个愿望，并心甘情愿为之奋斗。”

如果说叶企孙在悲愤时说的话使王淦昌树立了毕生的奋斗目标，那么另一位教授吴有训则以严谨的治学态度和对科学的不懈追求，激励了王淦昌在科学道路上迈出坚实的步伐。其后的王淦昌在物理学界的能力，连导师吴有训都极为称道。

1929 年夏天，王淦昌从清华大学毕业，吴有训邀他留校当助教，并给了他一个独立完成的实验任务：测量清华园周围氡气的强度及每天的变化。这种测量，德国物理学家曾在 20 世纪初的 20 年代就做过，但中国物理学界在王淦昌开始进行这项实验前谁都没有重视过。半年时间里，王淦昌严格按照吴有训先生的要求，利用最简单的器材，出色地完成了实验，并写出了北平地区有史以来第一份大气中物理放射性现象研究的科学论文（事实上在中国也是首次）。吴有训对他的研究成果非常满意，亲自将论文译成英文，以《大气中的放射性和北平气候》为题，发表在清华大学的首期论文集上。1930 年，在叶企孙、吴有训先生的关心下，王淦昌考取了江苏省官费留学研究生，被派遣到德国柏林大学……

“淦昌，快来抱抱你的囡囡！”行前，王淦昌回到常熟老家。一进门，大哥兴高采烈地抱出襁褓中的婴儿塞在他的怀里。王淦昌看了一眼，大惊：“怎么是男囡？”

“当然是男囡嘛！要不，我们全家非得让你回来看一趟？！”大哥冲着满身书生气的王淦昌边笑边说。

“我又多了个儿子？！”他把肩上的书包一扔，抱着新生婴儿在原地转起圈来，“哈哈哈，真有趣，真有趣，我有儿子啦！”这一年，王淦昌 23 岁，其实他自己也还是个满身孩子气的人呢。

年轻的王淦昌，此时风华正茂，如一颗冉冉升起的东方科学明星。而在故乡的王家宅院里，他又是一个怀抱中有了一儿两女的“少年父亲”。

“哈哈……太有趣了！那时我自己的吃喝拉撒，都要有人照顾，膝下已经有了一儿两女！这得全靠我夫人的照顾和抚养，她可是我们家的大功臣啊！”年迈时的王淦昌始终这样念叨。老伴是他“后院”最坚强的支撑。

第二章

“有趣”变无趣，两次痛失诺贝尔奖

1930年秋天，景色迷人的柏林迎来了一位风华正茂、才华横溢的中国青年——王淦昌。他从常熟支塘的小码头上与亲人告别，再到上海搭上大轮船，向他所向往的科学圣地——欧洲进发。

王淦昌踏上欧洲这块美丽的土地时，就有一种来自心灵深处的强烈冲动。因为此时正是以德国为中心的世界物理科学的黄金岁月。爱因斯坦、居里夫人、海特勒、盖革、迈特纳等一批顶尖科学家相继发现了影响20世纪及后来几十年整个人类政治、军事与经济的伟大科学成果：镭的发现、铀的提炼、相对论的提出，使每一位科学家热血沸腾。一年一度的诺贝尔奖大有来不及取舍当年度的科学家们所发现的惊天动地的成果。自第一次世界大战之后，欧美各工业强国从自身利益发出，纷纷开始重视起科技革命，并将推进科技革命与本国社会发展紧紧联系在一起。于是大量国家资本投入科研工作，使得本来就比较活跃的欧美物理学研究呈现出“热火朝天”的景象。当居里夫人发现镭元素后，科学家们很快发现了射线的医疗作用，于是X光被广泛运用并使其在今天依然成为了解和战胜疾病的重要手段。随着人工放射性元素的制成，很快就有人制成了标记原子，用来研究磷在植物枝叶中的分布，进而发生了一场“肥料革命”。最突出的例子要数原子能的运用了。1938年，物理学家刚发现中子会引起铀核裂变，在不到四年的时间里，第一个反应堆便建成，美国人又用了不足七年时间便制造出第一颗原子弹，使美国的国际地位和国力骤增，并一发而不可止。

科学家为自己热爱的事业而发狂，政治家们则利用科学家的科研成果而疯狂称王称霸。王淦昌从20世纪30年代初在柏林大学留学的日子里已经感受到了这一点，因此这决定了他后来一辈子献身自己民族的科学强国实践。

必须指出，王淦昌在漫长的一生中完成了数项影响中国社会乃至国际社会的科学研究，但在90岁高龄时与我这位小他半个世纪的科学门外汉谈话时，说他一生中最后悔的一件事就是年轻时没有坚持一次重要的实验活动：“如果那一次我坚持了，别说我王淦昌一定不会是今天的王淦昌，中国在国际社会的分量也可能大不一样！”那天他是用自嘲的口气说这番话的，但后来当我了解真相后则实实在在地相信了这的确是每个中国人都应该牢记的一个非常令人惋惜的事件——

王淦昌到柏林大学后，有一位杰出的导师——著名的女物理学家、柏林大学第一位女教授迈特纳。迈特纳的个人能力确实不容忽视，连爱因斯坦都评价她是“天赋高于居里夫人的‘我们的居里夫人’”。王淦昌是她唯一的中国留学生。在迈特纳手下当研究生的日子，王淦昌是终生难忘的，女导师对科学研究的超人能力使他不得不从井底探出头颅看天下。

王淦昌两次听到德国物理学家博特与他学生贝克用钋所放出的 α 粒子轰击轻元素硼和铍的实验，结果发现有一种穿透能力极强的贯穿辐射放出来。这射线能穿透 10 厘米厚的铅板而自身的强度却减弱得很少，博特师生俩认为这可能是一种波长极短的电磁波——γ 射线。自从发现质子后，科学家们纷纷开始向剖析质子组成的方向研究，所以博特师生的新发现立即引起诸多科学家的追踪研究，包括居里夫妇也着手抓紧实验，以争取新的发现。居里夫妇用他们自己强大的 α 射线源研究博特首先发现的奇异射线，这对著名的夫妇物理学家用的是电离室测量射线的强度，以石蜡做屏蔽层，放置在铍源与测量装置之间进行观察，结果发现计算器的数字大大增加。但遗憾的是居里夫妇没有从另一个角度考虑这射线的物理现象包含着另一种新的特殊物质，简单地解释为 γ 辐射能量极大的现象只是 γ 的辐射效应，仅仅将自己的实验结果写了个简单的报告发表。然而就在居里夫妇把一项重大发现束之高阁时，年轻的迈特纳的助手、中国的王淦昌则特别地关注着博特师生俩的那根神秘的射线以及他们没有能解释得清的未知结果……

“尊敬的迈特纳教授，我知道您早在1922年就对 γ 辐射与元素衰变的关系进行过实验研究，并对其性质也作过一系列研究。最近我听了科斯特斯教授关于博特先生的有关 γ 辐射具有那么强大的穿透力的介绍，我非常怀疑……”

“嗯！什么怀疑？我听着呢，你说吧，密斯特王。”迈特纳侧了一下头，继续做着她的实验。

王淦昌大胆向导师陈述道：“我以为实验用的是电离探测器，那样不会有什么奇迹出现，如果改用云雾室作探测器，然后对博特教授的实验进行不断的重复实验，结果可能大不一样。我是这样想的，尊敬的迈特纳教授。”

迈特纳放下手中的实验，思忖片刻，摇摇头说：“不可能，这将是个永远徒劳的实验，让我们换一个话题吧，密斯特王。”

王淦昌知道迈特纳是公认的对任何可能出现的某种具有科学价值的现象都不会轻易放过的科学家，怎么偏偏对自己提出的问题毫无兴趣呢？他认定博特的实验坏就坏在探测器是计数器上，如果改用云雾室做实验，定会弄清那种硬辐射的性质的。“尊敬的迈特纳教授，我还是想着云雾室可能会解决博特教授未解释清楚的问题，所以能否请允许我借用一下我的师兄朋友菲利普先生的云雾室对博特教授的实验进行重新研究？”

“密斯特王，我已经说过了，我们还有很多课题需要研究，博特先生的事还是让别人去完成吧。”迈特纳的回答让王淦昌感到十分意外。两次要求都遭到拒绝，使王淦昌无法再将自己认定的预见得以在实验中加以证实。

就在王淦昌的建议被导师无情拒绝，居里夫妇同样钻了牛角尖的一个多月后，剑桥大学卡文迪许实验室的查德威克先生像王淦昌一样，怀疑博特和居里夫妇认定的 γ 辐射效应。他认为 γ 辐射不可能有这样大的能量，便像王淦昌设想的利用云雾室，采用线性放大器对质子所产生的脉冲进行逐个测量，并将其与电子所产生的脉冲分开。结果发现质子的数量奇多，与当时物理学界普遍认为的 γ 射线的理论不符。查德威克认为，从铍源放射出的是一种新的物质组成的辐射，于是他连续奋战数日，终于证实了这种粒子是一种质量与质子相近的中性粒子，即被后人称为的“中子”。查德威克同时还认为，这种粒子是原子核的主要组成部分。

中子的发现，轰动了整个物理界，也轰动了世界。那些更企盼搞清原子核构成的政治家们早已等不及了。因为这太重要了，它紧接着就可以制造后来证明确实可以征服全人类的原子弹！

1935 年，查德威克因发现“中子”而获得诺贝尔物理学奖。

柏林大学校园内一个绿荫覆盖的小道上，迈特纳教授十分歉意地拍拍王淦昌的肩膀：“很对不起，密斯特王，我没能支持你的建议。不过，这是个运气问题。”女科学家朝自己的学生耸耸肩，又回到了自己的实验室……王淦昌对天长长地叹了一声。他有自己的见地，他认为科学就是科学，与运气是两回事，科学是实实在在的事。王淦昌和后来了解此事的其他人都肯定地认为，倘若迈特纳听了他的建议，加上迈特纳本人具有别人难以相比的实验能力，中子的发现非她的学生王淦昌莫属！然而迈特纳教授太把王淦昌当作科学娃娃看待了。几十年后，有人曾问王淦昌是否就此事抱怨过他的导师？王淦昌断然摇头道："不不，我不仅不会有丝毫的抱怨，反而终身感恩迈特纳女士，是她的卓越智慧和研究精神为我日后能在物理科学上有所建树作出了榜样。至于说到中子的发现这件事，这不全怪迈特纳教授。假如当初我能坚持自己的观点，不也可能获得迈特纳的有力支持，并最终可能获得成功嘛！所以在此后的几十年里，我一直把这次自己犯的错误当教训牢牢记在心头。"

中子到底是什么物质？为什么如此引起世界物理学界关注并能获得诺贝尔物理学奖？王淦昌在自己的回忆中有这样一段话：

"中子的发现为什么这么重要呢？大家都看到过这样的原子图案：中间是原子核，周围是绕着核旋转的电子。可是，差不多直到 1897 年，人们普遍认为英国物理学家约翰·汤姆逊先生发现了电子；1911 年新西兰物理学家卢瑟福根据粒子的散射实验，发现了原子中间有个很小很小的原子核，因而他提出了新的原子结构，即原子中间有一个很小的核，这个核带正电，并且拥有原子绝大部分质量，带负电的电子围绕原子核转动，这些电子很轻，电子的电量和原子核的电量相等，所以整个原子是电中性的。后来,他又从原子核里打出了质子。

“汤姆逊和卢瑟福的发现，说明了原子是可分的。原子可以分为原子核和电子，为人类探索原子内部的秘密打开了大门。而中子的发现，进一步说明了原子核是可分的，原子核是由质子和中子组成的。中子的发现，不仅在理论研究上有重大意义，在实验中中子还是最好的炮弹，它会引起原子核的裂变，实现链式反应。原子反应堆的运转、核武器的爆炸、原子能发电都要靠中子，中子为人类进入原子能时代打开了大门……”

呵，现在我们大体有点头绪了吧：今天的社会，我们很多人是在享受原子裂变所产生的能量而快乐地生活着，难怪八九十年前，我们的王淦昌先生就是这一具有巨大能量的“微物质”的探索者，也可以说是发现者之一。中国的原子弹和氢弹为什么能够在并不长的时间里突破与成功，有如此掌握和明白原子与原子核物质——中子与质子的专家，我们自然不会输给“老美”与“老苏”！

年轻的王淦昌太厉害了！从那个时候起，世界科学界就开始盯着这位东方才俊，对他的一举一动都在密切地关注着……

毫无疑问，另一方面，王淦昌在柏林大学与诺贝尔奖失之交臂，至今仍被中国物理学界认为是极其可惜的事件，但王淦昌跟随迈特纳教授在柏林大学威廉皇家实验室度过的难忘岁月，使他领略和接受了许多国际物理科学的前沿知识与技术。1933 年底，他在完成导师出题和交给的毕业论文之后，走访了欧洲几个著名实验室，有幸见到了卢瑟福、查德威克、埃利斯等他所敬仰的物理学大师，大开眼界，为日后从事独立科学实验工作拓展了思路。1934 年 4 月，他带着“柏林大学哲学博士”的学位回到了祖国，然而此时的中国正被日本军国主义的铁蹄蹂躏，中华民族陷入了深重的灾难……

“王先生，你的国家正处在战乱时期，更重要的是，你们国家那么穷，连起码的一间先进的物理实验室都没有，你现在回去很可惜，如果你留在欧洲，也许下一次的诺贝尔物理学奖就是你的了。留下来吧，欧洲许多大家的物理实验室欢迎你！”当王淦昌将回国的消息传出后，欧洲的许多好友赶来挽留他。有人甚至说：“科学没有国界，何必一定要回国。”

王淦昌笑笑，说：“科学虽然没有国界，但对一名科学家来说，他是有祖国的。现在我的国家正处在民族危亡之际，我要回国，为自己的祖国尽一份力量。”其实，迫使王淦昌坚持要回国的另一个原因是：他看到作为犹太人的导师迈特纳教授受到的迫害，更坚定了他回国的决心。迈特纳是德国的著名物理学家，为德国争得了许多荣誉，并贡献过无数科学成果，可就是因为她是犹太人，希特勒不仅剥夺了她的教书权利，而且将其流放，最后女科学家不得不选择逃亡来摆脱法西斯的迫害。

带着对祖国的爱和对侵略者的仇恨，1934 年 4 月，王淦昌离开他深深不舍的导师和实验室，从罗马出发，搭上驶向东方的一艘商轮，迎着地中海的冷风，与心一起飞向遥远的祖国……

上面已经说到王淦昌在发现中子问题上，与诺贝尔奖失之交臂，那么在回国之后的日子里，这位科学天才，在国家饱受侵略者铁蹄践踏的艰难岁月里，依然不忘他所追求的攀登世界物理科学高峰的志向，再度向国际物理学领域发起了一次精彩冲刺……

1934 年 4 月，王淦昌回到上海，回到老家常熟支塘镇。

江南的春天，桃红柳绿，鸟语花香。王家老宅前的横泾塘上，帆船片片；小镇上的人都在茶馆里热闹地议论着“王郎中”的小儿子，远涉重洋、留学回国的事儿。

“有趣！转眼间，都长得这么高了！”王淦昌呢，他乐呵呵地在家欣赏着自己的一儿两女，他把儿子、女儿叫到跟前，送给他们从国外带回来的洋玩意儿。而每一样东西到了孩子手中时，全家人和整个小村子里的人都跟着欢叫起来，因为村里的人谁也没有见过汽车是啥样，而王淦昌的孩子拿着那个像扑克片一样大小的玩意儿，竟然能满地飞跑。

“哈哈，这就是小汽车呀！”

“它怎么坐上人呢！”

儿子和女儿也不知如何回答，最后还是由大物理学家王淦昌博士来一一回答。“这只是玩具。真正的汽车跑起来，比我们的帆船还要快，从我们这儿到上海，汽车也就不到一个来时辰……”

“这么快啊！比轮船还要快呀！不等于飞了嘛！”乡亲们聆听着留洋归来的王淦昌讲“洋玩意儿”，无不惊异万分。

“当然比轮船要快许多！”王淦昌继续绘声绘色地说，“其实比汽车快的还有，比如正在研制的火箭，一瞬间的工夫，能从这儿飞到南京、北平……”

“天哪！有这么快的家伙呀！要是我们国家也有这个就好了……”

“可不，有了这汽车、火箭，王家的孩子也不用几年不见他爹一次了！搭上汽车和火箭就走了，一眨眼的工夫就到他们爹那儿！”

王淦昌听着众乡亲的话，先是脸上堆满笑，渐渐神色开始凝重起来，心想：早晚会有这一天的。我们中国不仅可以造出自己的汽车，还要造出世界上最好的火箭……

年轻的博士似乎在那一刻更加坚定了自己回国的奋斗目标。

在家休整一些日子后，恩师叶企孙给王淦昌来信，介绍他到山东大学任教。不久，孔夫子的故乡，来了位年仅 27 岁的大学教授。王淦昌担任大学物理教授。当时的山东大学物理专业正在筹备阶段。王淦昌便与学生们一起通过学校与政府相关部门交涉，从德国购进一些设备，同时带领学生和助手自己动手制作实验室的各种器材。王淦昌教的是近代物理学，他秉承叶企孙和吴有训的教学方式，重视培养训练学生的动手能力和自主思考能力。有一次，有个学生在实验室里向王淦昌提出了一个让自己感到难以解释的光学现象：“布湿了为啥颜色就变深了？”王淦昌没有直接回答这个学生的问题，而是弯下腰，用手提起蓝布长衫的襟角，往上面泼了点水，然后双手把两个襟角提得高高的，对着窗口，让那个学生站在后面，再透过布往外看，让学生想一想布湿了为什么颜色会变深？当时这个学生怎么也想不出是怎么回事，也不知老师为啥只让观察，不直接回答疑问。几天后，这个学生兴高采烈地来找王淦昌说：“王老师，我明白了其中的道理。”王淦昌这种启发式的教学方法，深受学生喜爱，物理系也成了当时山东大学的热门学科。然而，由于当时山东是处于日本侵略者眼皮底下的一块“东亚肥肉”，局势动荡，大学校园同样受其影响。刚刚好起来的教学环境变得越来越差，尤其是王淦昌欣赏和喜欢的几个非常有才气的学生因为参加了反对帝国主义侵略的大游行而被校方开除之后，这位有抱负的青年教授心头愈加郁闷，由此产生了离开的念头。

就在这时，王淦昌接到了浙江大学校长竺可桢的信札，竺校长盛邀他去浙江大学物理系任教。

“好呀！杭州离家又近，那里还没有受战乱影响，可以还我心愿。”王淦昌非常高兴竺可桢校长的这份邀请，欣然答应。

浙江大学是所江南名校，当时已在政界、教育界和学术界久负盛名的陈独秀、邵飘萍、陈布雷等都是浙江大学毕业生。其大学的朴实和浓厚的学术风气，正是王淦昌所渴求的。于是，

1936年暑假，王淦昌来到了浙江大学物理系。那年王淦昌尚不到而立之年，却已成为浙江大学最年轻的教授。由于他长相细嫩且说话时易脸红，所以浙江大学的师生们都亲昵地称他是“娃娃教授”。

在浙江大学，王淦昌整整工作了十四年，这是他一生追求“科学强国”的黄金时代。在这期间，他用自己的才能直接培养和影响了一大批包括后来获得诺贝尔奖的李政道在内的杰出物理学家。如果将他在后来几十年中培养的人才一起算进去，可以列出一个长长的“王家院士军”名单。从1995年出版的《中国院士名单》一书，粗略地看，在106人的“数学物理学部”院士名单中，其中当过王淦昌学生或受过他指导的达十分之一之多。他们中有丁大钊、于敏、王乃彦、吕敏、周光召、邓稼先、胡济民、唐孝威、程开甲、何祚庥、方守贤、冼鼎昌、叶笃正，还有化学部的钱人元和李政道等，这些当年在王淦昌教鞭下的学生娃，后来几乎清一色地成了中国核武器的主要研制者。

1987年，王淦昌八十寿辰，李政道作为王淦昌的得意门生之一，在祝寿会上发表了题为《对称性与非对称性》的著名论文，表达对恩师的感谢之情。李政道教授在演讲论文时说了一段富有激情的话：“我第一次见到王淦昌教授是在1943年浙江大学物理系，当时由于抗日战争，浙江大学迁到贵州湄潭。那时候与现在一样，浙江大学是中国最好的大学之一。除了王教授外，物理系还有其他著名物理学家，其中包括束星北教授。在王淦昌先生教室里听课，这是我第一次见到国际知名的物理学家，这种早期的接触给我留下深刻印象。直到现在我还记得我们曾有过的讨论，以及他们使我激起的对物理学的热情。王淦昌和束星北两位教授还特别慷慨地给予我关心与指导，尽管当时我只是一个一年级学生。王淦昌教授对核物理学和粒子物理学有几项重大贡献，包括反西格马负超子的发现。他一直受到世界科学界的高度尊重。在中国物理学的发展以及对几代物理学家的教育培养上，他所起的巨大作用，已经是历史事实。”而在王淦昌眼里，凡是能发现一名对科学异常用心或在实验中灵性异常的学生，都格外高兴。他在浙江大学十余年教学中有四位他非常喜欢的学生，他们是李政道、李天庆、李文铸和李寿楠。“四李”的共同特点是不怕艰难、聪明好学、刻苦钻研。半个多世纪后，王淦昌还能想起当年的李政道：“我给他一本书，上面有十道题，我点了五道让他做，结果他把十道题全做了，而且都做对了。谁不喜欢这样的学生！”

“嘿嘿，真有趣。那时我们的浙江大学名气很大哟，有‘东方剑桥’之称。但日本侵略者把我们从西子湖畔赶到了偏僻的贵州湄潭山区。当时条件极差，连起码的教学和实验用具都没有。但我们并没有因此放弃教学和开展科学实验，因为大家在日本鬼子炸弹之下更强烈地感受到‘科学强国’的重要与迫切。”王淦昌既是泰斗式的科学大师，又是浑身散发天真童趣的知识分子。多少时候，只要他遇上高兴事时，准会冒出那句“嘿嘿，真有趣”的口头禅，浙大的许多同学听他课时，经常听到导师讲到兴奋时，便会冒出那句有名的口头禅：“有趣！真有趣！”然而，在学生的心目中，王淦昌又是一位严师和仁爱的兄长。

1937 年“七七事变”后，日本侵略者占领了我国沿海广大地区。这年 11 月，杭州大学的师生们同心协力，用了两年时间，西退至贵州山区腹地。这一路西迁的艰苦程度在世界教育史上也是绝无仅有的。浩浩荡荡的几千人队伍，既有弱不禁风的师生，又有老弱病小的家属，而敌机每天都在头顶扔炸弹。但这一切并没有磨灭浙大师生们教好学好知识、强大国家的信念。当时的王淦昌教授等都比较年轻，他们一面身先士卒组织西迁，一面仍利用一切时间和简陋条件教学。

那是一段国难当头、书生亦苦的日子。王淦昌曾回忆道：

“我到浙大的第二年，抗日战争全面爆发了。全国各地掀起空前的抗日救亡运动。我们浙大师生积极响应。我和物理系的管理员任仲英一起出去募捐，沿街挨家挨户宣传动员他们‘有钱出钱、有力出力’。回到家，我又是跟妻子吴月琴商量，说国家有难，我们虽然不能去打仗，但可以捐款捐物嘛！妻子是个知书达理之人，就把家里的积蓄和结婚时的金银首饰都拿了出来交给了我，我又把它们全部捐了出去。后来浙大要搬迁，大家虽然心里很痛苦，但行动毫不含糊。第一次迁到离杭州 200 多公里的建德。我们就在县城里的天主堂、孔庙和林场等地方开课。但没些日子杭州失守，敌人的飞机到建德来投炸弹，学校不得不再度西迁。第二次目的地是江西吉安和泰和，并计划分三批先乘船到金华，再乘火车到江西。那个时候，我妻子在建德又生了个儿子，这样我就有了四个孩子。一家人那么多孩子，迁徙非常困难。我就让二女儿和大儿子跟着束星北教授去了湖南，自己和妻子带着大女儿和刚出生的小儿子，与另两个教授一起租了一条运邮包的小船，先到兰溪，再向金华方向走……一路上，遇敌机轰炸，十分危险。只能停停走走，躲躲闪闪。孩子哭，女人喊，实在无奈得很。到了兰溪后，天已黑，四家人个个又饿又困。当时店面都已关了，没地方弄东西吃。我让物理系主任张绍忠一家带着我们的孩子留在船上,其余人上岸去找吃的。哪知，江上起风，船不停摇晃，舱里的纸油灯着了火，眼看就要烧到船顶的竹席，孩子们吓得大哭起来。张母急中生智，用手将油灯拉了下来，自己的手则被烧伤了，好在避免了一场火灾。张母虽然被送到了医院，但通过这事让我们想到：在逃难时，遇到灾难怎么办？从此，我们时时刻刻小心翼翼，生怕再出事。

“1938 年 1 月，我们到达江西吉安。学校就在放了假的吉安中学和吉安乡村师范里落脚安置，同时要求同学们抓紧时间复习，准备当年的期末考试。我也根据当时的条件，给同学们讲物理实验课。虽然条件差，但课程和教学并没有受多大影响。2 月中旬，我们到了泰和。学校在这里继续上课。这段时间里，浙江大学在竺校长领导下为当地做了三件大事：第一是为了这里防洪修了条有名的‘浙大长堤’，百姓特别受益；第二件事是办了一所学校，让当地农村的孩子和我们教职员工的子女也能上学了；第三件事是与江西省政府合办‘示范垦殖场’。竺校长非常辛苦，既要管好学校一大摊子事，又要与当地政府和百姓搞好关系，整天不着家。而就在这个时候，他的夫人与14岁的小儿子竺衡都得了痢疾，因为当时缺医少药，没能及时医治，等竺校长回到家时，他的小儿子已经死了。没过几天，夫人张侠魂也去世了。竺校长悲痛欲绝。然而为了浙大师生，竺校长把悲痛藏在心底，带领我们继续西迁。老实说，我们在很大程度上受了竺校长的精神影响，坚持走完了最艰苦的迁徙之途……”

1939年2月5日，这是浙大师生永远不会忘却的日子，日本鬼子出动18架飞机，以刚刚落脚的浙江大学为目标，在师生们头顶上扔下118枚燃烧弹和爆裂弹。顿时，用茅棚和木板搭起的校舍腾起一片火海……师生们除了身上穿的衣服和手中的书本外，几乎被烧得一无所有。可是就在被炸的第三天，王淦昌等教授便给学生们恢复了上课。

“日本鬼子的飞机又来啦，赶快躲呀——”这一天，王淦昌抱着教科书刚跨出家门，便看到对岸的山上已高高挂起报警的灯笼，于是急忙招呼在露天的同学躲到岩洞里。令王淦昌感动的是，在这极度危险的时刻，一位坐在岩洞口的低年级同学似乎根本听不到洞口外震耳欲聋的爆炸声，依然埋头捧着书本。“物理书？你对物理也感兴趣？是哪个年级的？”王淦昌感到奇怪，因为当时浙江大学只有大四年级才开设物理课。

“王先生好，我是一年级新生，听过您讲的‘近代物理讲座’，就喜欢上了物理。”小同学的回答叫王淦昌好高兴。

“太好了，你叫什么名字？我可以提前收你为学生。”

“谢谢先生。我叫许良英。”

“好，以后我讲物理课时，你随时可以来听，有不懂的问题可以直接找我。怎么样？”

“嗯，我一定学好物理。”

许良英做梦也想不到像王淦昌这样国际著名的大学者，竟如此平易近人。他后来成了王淦昌最信赖的门生之一。许良英先生现在是中国现代物理史学家，他对导师王淦昌在抗战时期的那段教学生涯有太多的了解和感受。他说：“王淦昌先生是我一生最尊敬的老师，也是多次解救我于危难之中的恩师。每当回忆起青年时代跟随王先生学习时的情景，总感到无比温暖和舒畅。自从那次在岩洞里第一次接受王先生的教诲后，我就更加对物理科学感兴趣。但那时我是个低年级学生，知道王先生是国内外知名的大学者，加上自己在长辈面前说话向来羞怯，所以不敢轻易找王先生。但很快，我的这份羞怯心理被王先生那种淳朴、坦率和活跃的学风所冲淡。浙江大学当时的物理讨论课是四年级的课程，分甲乙两种。物理讨论甲是由全系教师和四年级同学轮流作学术报告，物理讨论乙主要是由王淦昌和束星北两位教授就物理前沿作系统的学术报告。甲乙两种报告都是每周一次，出于王先生对我的鼓励，我便经常壮着胆子躲在教室门外旁听。王先生和束星北两位教授一个擅长实验，一个擅长理论，性格都开朗坦诚，彼此又是好友。但在作报告时，他们常相互提问插话，碰到问题常常争得面红耳赤，像小孩子吵架似的。开始看他们争论觉得既好奇又紧张，后来才明白大学者之间这种直率的学术争论，才是探索科学真理的好学风。受了王先生他们这种学风的影响，我联合了物理系、电机系几个一年级的同学也搞了个定期读书报告会。给我印象最深刻的是 1939 年 7 月的一次物理讨论，由王先生报告‘Fisson of Uranium’。虽然我不知‘Fisson’是何意，但还是去旁听了。出人意料的是，王先生报告的是当年 1 月底玻尔在美国宣布的一个划时代的发现：1938 年 12 月和 1939 年 1 月间，哈恩和迈特纳发现了铀原子核裂变现象；迈特纳估算出一个铀核裂变时会释放出 200MeV（兆电子伏特）的能量，比同等重量的煤燃烧时释放的能量大几百万倍。正是迈特纳和哈恩的这个发现，直接推动了后来核反应堆的建立和原子弹的开始研制。当时教室里的气氛异常热烈，我感到特别兴奋和震惊。很久以后我才知道，著名女科学家迈特纳原来就是王先生的博士生导师，而正是这位推动世界核原子能发展关键工程的著名大科学家，欠了中国学生王淦昌一次获得诺贝尔奖的宝贵机会。可在当时的那场报告会上，王先生既没提到自己与诺贝尔奖失之交臂的那次难忘经历，也没有在同学中夸耀迈特纳与自己的关系。王淦昌先生的这种学风和人格后来影响了我一生……”

由于日本军国主义侵略者的野蛮侵略和袭击，浙江大学从 1937 年 11 月底开始，五年间先后被迫搬迁六次，教学和生活的艰辛程度可想而知，然而这丝毫没有影响王淦昌和浙大教师们发誓要用科学和知识来强国的坚定信仰。

湄潭是贵州遵义的一个县名，距遵义 75 公里。小县城依山傍水，风景优美，幽雅宁静。浙大在战火纷飞的抗战期间选择这块地方作为学校安栖之地，是竺校长的功劳，也是教授们十分喜欢的地方。王淦昌对湄潭记忆深刻，因为在这个偏僻之地，他完成了又一项重要研究成果，如果不是战争原因，他的这一项研究成果十有八九稳拿诺贝尔奖。然而战争害惨了中国人民，也害惨了中国科学家。有一点值得我们特别要向大科学家学习的是：像王淦昌这样的科学家，即使在战争最困难的时候，始终坚持不忘自己的科学研究事业，始终利用一切可以利用的条件，创造科学研究成果。这种难能可贵的精神，一千年不朽。

我们再听听王淦昌是怎么回忆这段峥嵘岁月的——

“现在回想在湄潭的那段时间，还有一种心旷神怡的感觉呢！”王淦昌指的是湄潭的美景。

“湄潭人欢迎浙大迁来，他们把文庙、财神庙、双修寺、禹王宫、梵天宫，还有两家祠堂都让给了浙大使用，在城外还划出 200 多亩地，作为浙大农场。浙大还在城东湄江边上建起了大礼堂（兼做饭厅）、四栋宿舍、大操场，湄江就成了天然游泳池了。此处，还建了一所子弟小学和浙大附中。”王淦昌先生在回忆教学时说："我们物理系的实验楼盖在双修寺，有电磁、光学、近代物理学、实验技术等几个实验室，还有一个修理厂、一个地下暗室和一个图书馆，物理系的设备在当时国内是第一流的。小小湄潭成了一座大学城，到处可以见到来来往往忙碌的浙大师生员工和家属……"但即使环境稳定，生活条件仍然相当困难。一段时间，本就体弱的王淦昌的肺结核病又犯了，好在他妻子吴月琴拿出江南女子的看家本领，在山坡上开垦了一块菜地，又养了几只鸡和一只羊，鸡蛋和羊奶成为丈夫的营养品，这样王淦昌的身体才渐渐恢复了健康，使他有精力再度投入教学和他的"原子"科研工作中。

1942年，王淦昌在浙大第一次开设原子核物理课，这在中国大学里也是第一个原子学课程。这一课程的开设，不仅让浙大拥有了一批后来的新中国核专家，也让中国高校物理学走上了世界科技的前沿。王淦昌因此有"中国核物理学奠基人"之称。这也是后话。

漂流中的浙大由于搬迁，教授人员分散。湄潭开课后的许多课程，需要一个教授兼任几个老师的课程。王淦昌更不例外。1943年，王淦昌担任浙大物理系主任。当"官"就得干些行政工作方面的事，这对埋头只管科研与学问的王淦昌来说是件头痛的事。"这是我最不喜欢的工作，但没有办法，只有硬着头皮去做。"王淦昌又用"有趣"来解释他第一次当"官"的经历，说："从此我除了在湄潭给学生上课、做实验、处理系里的一些事情外，还经常要到离湄潭 15 公里远的永兴去，因为物理系一年级在那边。每次去我都是步行，到那里听取物理系师生的意见，帮助他们解决一些问题和困难。每年新生入学我必定去，跟物理系的新生见见面、谈谈心，我总是对他们说：‘物理是一门很美的科学，大到宇宙，小到基本粒子，都是它研究的对象，寻求其中的规律，这是十分有趣的事，你们选择了一个很好的专业。’”

把公式和数据化作一门“很美”的学问，这是王淦昌对物理学和原子学的理解，他自己一生醉心于这样的“很美”科学之中，同时又影响和教育学生也跟着他去认识和感受这样的“美”，这就是王淦昌。

以我对王淦昌先生有限的接触，尽管时间短，可对他这样的大老乡的认识和性格特征，却颇为了解。王淦昌院士是我们常熟人，常熟人的性格和特点是：我们都是“水”孕育出来的——水在平常时，它是柔软的、温性的、包容的和开放的，它也是善良的、纯洁的、干净的。当然，水也是有力量的、勇敢的，一旦发威，也是势不可挡和所向披靡的。

王淦昌的性格里，涵盖了常熟人性格的全部特征和最优质的精神。

战争与艰苦并没有阻止科学家们奋发图强、为国争光的科学追求。当时已经走在世界物理学前列的中国物理学家们仍然坚持学术高峰论坛和交流活动。中国物理学会从来没有停止过活动，而浙大和王淦昌就是当地这个学会的中心。每年的物理学年会如期召开，“浙大物理系在年会上先后宣读过50多篇论文，而我本人也有8篇论文在年会上发表。”王淦昌如此感叹道：“这些成果的取得来之不易，那时候连电灯都没有，更不要说先进的设备了。学术研究资料也不多，做实验用废旧汽车引擎发电，用酒精或木炭代替汽油；有时候就在炎热的太阳下，利用太阳光做实验；讨论科学问题，经常在晚上进行。点盏油灯，大家坐在木头长凳上你一言我一语，讨论得格外认真。现在青少年可能不理解，因为你们不会知道由于国家科学文化落后受人家欺凌的滋味。当时我们就是一心想着要为国家的科学与教育事业尽职尽力。那个时候，我们的老师和学生都认识到，在科学的领域中，只有不怕困难，踏踏实实地探索，才能走在科学的前沿，为祖国的强盛贡献力量。因为我们认定，为了祖国的强盛而从事科学事业，是最美好的生活与工作。当时我们确实就是这样想的。”

由于王淦昌等浙大物理学家们的工作卓越而有成效，中国物理学会于1944年专门来到湄潭召开年会，当时中国科学社也加入此会。英国著名生物化学家、科学技术史专家李约瑟博士和夫人专程赶到湄潭参加学术会议。李约瑟对王淦昌和浙大教授们在如此简陋的条件下从事科学研究并取得的不俗成果，大为赞叹。

中国物理学奠基者吴有训先生后来在回顾我国物理学发展史时这样深情地说：“很难想象，如果没有浙大王淦昌教授他们在战火纷飞的年代和在敌人的炸弹下坚持不放弃教学和研究工作，新中国的物理学战线怎么会有辈出不尽的优秀人才？”浙江大学的师生们还清楚地记得这样一件事：当时在侵略者攻势面前步步退却的蒋介石为了压制国内的民主力量，装腔作势地喊出“国家至上，军事至上”的口号，企图掩饰其卖国行径。浙大的学生许良英出于对蒋介石的义愤，在浙江大学的遵义物理校舍木门上写下了“科学至上，物理第一”八个字。王淦昌看见，大为赞赏。之后一直把许良英写的这块有标语的木门带着，伴随浙大颠沛流离于抗战的烽火岁月，以此激励自己的学生不忘科学强国之梦。

王淦昌从一个科学大师的角度说过这样一段精辟的话：“作为任何一门高新尖技术或一项伟大科学成就，物理条件是重要的，但并不是唯一重要的，更重要的是对科学真理的探求精神与正确的方向。中国科学家在很长的历史阶段内不可能具备物质优势条件，增强和提高对科学真理的探索精神与正确方向便变得十分重要。这正是我们可以弥补自己的劣势，在完全不同等的物质条件下，取得与西方强国同样的尖端技术，甚至在某些方面超越于他们的‘杀手锏’，从而完成别人没有完成的对全人类都具有进步意义的伟大发明。”王淦昌先生举例道：比如像物理学，实验是最重要的，具有先进的设备当然可以缩短实验时间并进行更广泛的发现与发明，但在简陋条件下的坚持不懈的“笨手笨脚”的实验有时同样可以完成别人在最先进的设备条件下没有完成的伟大发现与发明。其次是对理论问题的正确归纳与概括，同样可以总结和发现物质世界中存在的那种普遍现象和特殊规律。王淦昌特别指出，几十年来，为数不少的诺贝尔物理学奖项，都是科学家依靠自己独到和敏锐的科学眼光，而获得了影响人类进步的非凡成果。

“我还是坚持几十年前自己的说法：作为一名高明的科学工作者，必须有自己独到的‘搭桥’本领。什么叫‘搭桥’？就是归纳、分析和判断前人已经发表的实验方法、数据和结论，并且极其熟悉地了解各种文献资料，给已有的理论工作‘搭桥’，进而推动自己的科学实验。木工师傅能为不同的户主做出不同木器家具和房屋，就是他熟练掌握了家具和屋架的标准尺寸。一个科学家特别是物理学家，要取得发明创造，就必须像木工一样掌握各种知识与信息，能够做到广泛了解与深刻认识，并运用自如。这样才有可能创造出在常人眼里不可能的奇迹来。”王淦昌如是说。

在中国物理学界，没有人不知道王淦昌在浙江大学当教授时提出过一项用 K 电子俘获办法寻找中微子的科学建议，这一建议使后来者用他的理论最终发现了中微子，并由此获得了诺贝尔奖。关于这一具有划时代辉煌意义的科学建议，另一位著名美籍华裔科学家、诺贝尔奖获得者杨振宁博士在他那篇《王淦昌先生与中微子》一文卷首语中说道：“在粒子物理的历史中，中微子是‘基本’粒子家族中特别神奇的一员。从泡利 1930 年提出中微子可能存在的假说和费米 1934 年提出划时代的 β 衰变理论以后，环绕着它的理论和实验工作很多，其中一个中心问题是如何直接验证它的存在。关于这个问题，在1934年至1941年间文章很多，可是都没有找到关键，这是因为中微子没有电荷，不易直接用探测器发现，而且它几乎完全不与物质碰撞（譬如可以自由地穿过地球），很难抓到其踪迹。1941年10月，王淦昌先生在浙江大学（那时正值抗日战争,浙江大学避难在贵州遵义湄潭）写了一篇文章，提出用K电子俘获的办法寻找中微子。这是一篇极有创造性的文章，在确认中微子存在的物理工作中，此文一语道破了问题的关键。此后的十余年间，陆续有实验物理学者按照这一建议做了许多实验，终于在20世纪50年代初成功地证实了中微子的存在……”

关于中子和中微子这些物理学专用名词，过去我们普通人对它太陌生，但自从有了原子弹等核武器后，我们才多多少少知道了一点有关它们的肤浅知识，那就是中子和中微子都是原子核的基本粒子，谁“捕获”了这些只有瞬间生命但却威力无比的小东西，谁就可以主宰世界。因而探求中子和中微子存在，几乎是全世界物理学家在20世纪上、中叶竞争最激烈和最热门的课题，因为它的重要性不仅仅是科学本身，而且关系到全球政治、经济与军事格局。科学家没有那些政治家和军事家的野心与功利，他们只有一颗探求自然界奥秘的赤诚之心。王淦昌也不例外。当他在柏林大学的迈特纳手下痛失获得中子的发现权后，又重新投入了另一个基本粒子——中微子的实验与探索。

正如杨振宁博士指出的那样，自从 1930 年 12 月著名物理学家泡利先生为解释衰变能谱的连续性提出中微子假说，第二年 6 月又预言 β 射线连续谱应有明晰上限后，泡利在纽约的一家中国餐馆里和他的朋友拉比聊天时这样说："我以为，原子核的发现，仅仅是我们对自然界基本粒子的认识刚刚开始，在那个原子的家庭里，除质子和电子外还有更英俊的'小子'存在，我认为它比先出世的所有原子家族里的小子们都了不起！"半年之后，正在柏林大学读书的王淦昌用 GM 计数器精确地测定出 RaE 的 β 谱上限,有力地支持了泡利的"狂想"。1934 年，大物理学家费米以泡利和王淦昌的中微子假说为基础,建立了著名的 β 衰变理论,费米的论文寄至英国《自然》周刊，结果被一句"它具有太多的空想，远离了读者所感兴趣的实在"的评语而"枪毙"，幸亏费米后来把论文寄到德国另一家杂志得以刊出，才使一项震惊世界的科学理论正式被承认。

自泡利和费米对中微子的假说肯定之后，一时间，全世界的科学家几乎都盯着中微子这个未出世的"金色小子"，并拼命想抢占最先的发现权。居里夫妇、维克、贝特、派尔斯、阿尔圭雷兹等都先后上阵一试，但都没能抱住中微子这个"金色小子"，其原因都是因为没有掌握俘获的正确办法。

大科学家感到异常困惑和失望，但又束手无策。

这时的王淦昌感到该是自己出击的时候了。他认为"不能用中微子的电离效应来探测它的存在。测量放射性原子的反冲能量或动量是能够获得中微子存在的证据的唯一希望。”因此他建议用K电子俘获的办法探测中微子的存在，指出“当一个 β^+ 类的放射性原子不是放射一个正电子，而是俘获一个K层电子时，反应后的原子的反冲能量和动量仅仅依赖于所放射的中微子……只要测量反应后原子的反冲能量和动量，就容易找到放射出的中微子的质量和能量……由于没有连续的 β 射线放射出来，这种反冲效应对所有的原子就都是相同的”。

用K电子俘获“金色小子”中微子！王淦昌以其天才物理学家独特而敏锐的见解，开启了20世纪一项伟大发现的大门。当他睿智的目光从容地走进这扇大门时，遇到了他难以逾越的大山，那就是战乱使他无法进行最起码的实验。由于抗战开始浙江大学在短短几年间一连搬迁了六个地方，最后到贵州湄潭落脚时整所学校实际上是个空壳了，要什么没什么。师生和家属不少人住在山洞，至于教室大多是临时搭建的小茅棚或天然溶洞，附近的几所寺庙是当时浙江大学唯一像样的“殿堂”。校长竺可桢对王淦昌的物理实验给予了最优厚的“关照”，在一个破庙里落座。

谁都知道，一项极其高精度的科学实验，没有最好的实验条件是无论如何也难以实现其结果的。王淦昌并不懊丧，尽可能创造条件进行不懈的探索。“当时敌机天天轰炸，整个学校的上课时间不能保证，说停就停。但王先生对自己的实验从未停止过。敌机来了，别人都躲到山洞去了，他一个人还留在破庙里全神贯注地搞他的测试。那段时间，王淦昌教授患病时，老伴为了给他补补身子，养了只奶羊，可当时王师母还要带五个孩子（小女儿在湄潭出生，此时家里已是七口人了），忙不过来。王先生身为大教授，竟然每天在去双修寺进行实验时，还要牵着那头奶羊，因为寺庙前有块草地可供奶羊吃草。我们同学们开玩笑地称王先生是'牧羊科学家'……"当年老浙大的人给我讲述了王淦昌的这段奇闻轶事，听后让人又新鲜又心酸。

然而，生活与环境的艰难并没有使王淦昌放弃他的科学实验，他在教学的同时不停地利用一切可能的条件搞实验，俘获世界物理学界人人都想获得的"金色小子"——中微子。然而日本军国主义的炸弹与封锁使王淦昌无法把自己俘获中微子的方法得以实验成功。为此，他不得不把他的方法写成论文投给了国内的《中国物理学报》。由于战争，这家杂志根本没有经费印刷。1941年10月，王淦昌只好将此论文寄给美国的《物理评论》杂志上发表。王淦昌对此不无遗憾地说："在那个时期，我觉得自己比较成熟了，敢想问题，也想得很多。我坚信用自己的办法能俘获中微子，但抗日战争国内的条件不具备，所以这实验只能让别人去做了。"

当王淦昌的论文《关于探测中微子的一个建议》于1942年1月在美国《物理评论》上发表后，立即引起美国著名物理学家阿伦的注意，他随即按照王淦昌的建议进行实验。1947年3月，王淦昌对阿伦的实验结果总感到不满足，又写了《建议探测中微子的几种方法》论文发表在《物理评论》上。阿伦的实验室因战时条件所限未获成功。这就是有名的“王淦昌－阿伦实验”。

1952 年，阿伦与另一位物理学家戴维斯才第一次发现单能的反冲核，最终确认了中微子的存在。又过了近四十年，瑞典皇家科学院在 1995 年将当年度的诺贝尔物理学奖颁发给了发现中微子的美国科学家。王淦昌虽然感到遗憾，但当他得悉消息后很为美国同行感到高兴。他说：“物理学的成就还是应由实验证实的，荣誉也应该给予那些最后作出结果的科学家。”可见王淦昌作为一名中国科学家的宽阔胸怀。

中微子的发现，使诺贝尔奖又一次与王淦昌擦肩而过。对此，他有如下见解：“由此看来，诺贝尔奖并不是高不可攀的，中国人完全有能力获得此项奖项。一是要选准课题，确有重大理论或实用价值；二是要锲而不舍，持之以恒，花上几年甚至几十年的工夫。”王淦昌生前留下的这段话，值得中国科学家们认真地品味和理解。

第二次世界大战的东方战场以苏联红军出兵和美国人在广岛扔下两颗原子弹而告终。就在日本举起白旗投降时，王淦昌应浙江大学学生的要求，作了一次题为《关于原子弹及其原理》的报告，引起同学们的浓厚兴趣。后来成为中国核武器研制中坚力量的程开甲等一批当年的浙江大学学生，大多是受了导师王淦昌的这堂课的影响而将一生献给了中国的核事业。然而王淦昌本人当时并不清楚自己竟然要亲自动手研制中国的原子弹。在浙江大学的同学们为王淦昌庆贺40岁生日不久，中国的这位风华正茂的物理学家和著名学者受浙江大学所派，前往大洋彼岸的美国加州大学作合作研究。一年之后，正在国内的吴有训先生兴奋地告诉浙江大学校长竺可桢：美国科学促进协会出了一本百年科学大事记，中国能列入其中的人只有王淦昌和另一位物理学家彭桓武（也是后来中国的原子弹主要研制者）。

“中国的希望，淦昌也。”竺可桢抖着小胡子，情不自禁地摇头晃脑起来。

第三章

不可言传的“有趣”
——在朝鲜战场上的“秘密任务”

美国人给日本广岛投下的人类历史上第一颗原子弹实战爆炸，催促了日本军国主义的灭亡，也加速了第二次世界大战的结束步伐。同时，它也让人们真正有了对原子弹杀伤力的基本认识。

“原子弹就是这样可怕……而只要人类善意地利用好原子弹，它又可以为人类长期的和平服务。”1945 年 8 月，当长崎和广岛的日本人还在原子弹的爆炸余波中饱受伤亡之痛时，远在中国山区湄潭的几间旧庙里，中国著名原子物理学专家王淦昌正在用通俗易懂的语言，向浙大师生讲述原子弹的爆炸威力与和平利用原子核能的课程。这在当时的中国大学生和中国社会里，是前所未有的。此时的王淦昌也无可非议地成了有国际影响的著名原子学专家和中国核物理学教育家。

在迎接新中国诞生的那几年国内大决战中，浙江大学湄潭校区是相对宁静的。王淦昌的大学教学生涯在此也获得了成熟与稳定。但当蒋介石反动集团行将崩溃之际，大学就不再是“世外桃源”。特务机关频频到湄潭来，进行“内部剿共”。王淦昌的几位进步学生李政道、许良英等十分活跃的青年受到特务分子们的盯梢和“内控”，随时有生命危险。王淦昌等教授非常着急。另一方面，这些进步学生的革命情绪又格外高涨，尤其是许良英，显然王淦昌知道自己的这位学生是共产党员的身份,所以更觉得他危险。为了保护自己的学生，王淦昌不惜借“课程”来“压”他们不让其乱跑，当特务们来查问时，他以教授身份与特务们周旋，最后都很好地保护了学生的安全。有一阵子，国民党派了大批特务分子到湄潭校区，企图发动学生进行反苏运动，但始终没有成功，王淦昌暗中乐道：“肯定是许良英他们的‘工作结果’。”

1946 年年中，浙江大学陆续迁回到杭州。王淦昌这才开始了他回国后的第一段稳定的“教授生涯”，直到新中国成立。

1949 年 10 月 1 日，毛泽东在北京天安门城楼上庄严宣布“中华人民共和国成立了”。这年 12 月的一天，王淦昌接到在北京的钱三强、何泽慧夫妇来信。对两位清华的“师弟”“师妹”王淦昌并不陌生。三四个月之前，王淦昌曾到北京参加全国自然科学工作者大会筹备会时就认识了钱三强夫妇。他对钱三强这位居里夫人的学生十分敬重，当然他也知道其夫人何泽慧也是一位著名的物理学家。

他们夫妇共同签名来信，有何贵干？王淦昌一边拆信，一边在揣摩。

信展开后，王淦昌看着看着，全都明白了：钱三强夫妇希望他到北京，参加新中国的核科学研究，尤其是核物理事业建设。钱三强夫妇的信言语真诚而动情，王淦昌越看越热血沸腾：为国做事，成就大业，这不就是自己的理想和追求吗？钱三强夫妇的邀请自然令王淦昌很高兴。作为一名专长物理研究工作，又擅长实验的他，多么渴望有这样的机会！从德国回来，十余年大学教学工作，虽也有些成绩，但与王淦昌本人志愿并非吻合。战争年代，边教书边养家糊口，顺便搞些研究和学问，王淦昌自己觉得有些荒废，但也算对得住方方面面。

专心搞核研究、从事核物理事业，王淦昌求之不得。但北京的生活能否让全家人适应？回国后一直在南方生活与工作，北京情况又会是啥样？王淦昌有些拿不定主意。于是他采取了擅长的“实验”方法——先去一趟北京看看，再作决定。

一个特别实在的知识分子：本来完全可以让公家出路费的，可王淦昌认为这是他“自己想探探路”，所以路费全是自己出的。那个时候到北京并非像现在这么容易。他带上干粮，再买了硬座票，先到了上海，又从上海换乘到北京的火车。那个时候上海到北京的火车时间是三十来个小时，比现在的高铁慢了近二十五个小时。这就是历史。

“到了北京，见到了钱三强、何泽慧。在他们家里，我们谈得很融洽，互相介绍自己的工作经验后，当然就是讨论如何开展原子核物理研究的问题。我们三人一致认为，利用云雾室开展宇宙线研究是当时最可行的实验核物理工作。所以，对宇宙线方面的工作，我们谈得很多。和他们在一起，我感到真正遇到了志同道合的合作者。此行坚定了我到北京工作的信心。”王淦昌后来这样说。另一个更加坚定他到北京工作的原因，还在于他见到了另一位重要人物，那就是浙江大学的老校长竺可桢。

“新中国太需要像你这样的专业人士了！我都着急得不行，你快过来吧！”竺校长了解王淦昌，所以不断地鼓励道：“天气和生活习惯怕什么！我这个人的毛病比你多得多，这不，到了北京不也挺习惯的嘛！”“瘦老头”之称的竺可桢瞪着眼睛跟王淦昌这么说。

王淦昌毕竟比竺可桢年轻十几岁，心想：你竺校长在北京过得习惯，我也不会熊到哪儿去。关键是，竺可桢校长此时已是中国科学院副院长了，并且主抓全国的人才调度与培养任务，他比谁都明白新中国缺少人才。“我们过去追求了大半辈子，几乎一直在黑暗中寻找为国效劳的机会。可又几乎一直是失望的，现在好了，新中国把重任交到了我们这些人手上，作为科学工作者，如果我们再不干出些名堂，对不起国家，也对不起自己呀！”

老校长的话深深地打动了王淦昌。

“校长，我决定了！回去就把家搬到北京来。您就给任务吧！”王淦昌像第一次到浙江大学报到那样，对竺可桢说。

已是 60 虚岁的竺可桢高兴地拍拍王淦昌的肩膀，说：“来吧，我和科学院的同志们都等着你呢！明天我就向郭沫若院长报告，请他专门给你致信相邀……”

“谢谢！谢谢竺校长。”王淦昌再次感觉像是回到了家——科学之家、新中国的科学之家。

1950 年 1 月，郭沫若先生正式以中国科学院院长的身份，邀请王淦昌赴京主持中国近代物理研究所的组建工作，并全面启动新中国的核物理科研。手握盖有中华人民共和国国徽印章的函件，王淦昌的内心感到无比舒坦，尽管当时条件并不比新中国成立前好多少，但完全可以按照物理学的本身规律进行理论与实验工作了，这对于历经了十几年战乱的王淦昌来说，是太宝贵的机会和工作岗位了。因为如果不是那前十几年的战乱影响，他早已把诺贝尔奖牢牢揣在了怀中。

90 岁高龄的王淦昌回忆起新中国成立初期的工作情景时，两眼闪着光芒：“那时我们整天觉得有使不完的劲儿，有干不完的活儿。”根据国家的统一部署，当时的核物理学向着理论物理、原子核物理、宇宙线、放射化学等四个基础领域的方向挺进。通过对宇宙线的观测，发现新粒子并研究其性质，是王淦昌多年的夙愿。1954 年，他和助手们在云南落雪山成功地建造了我国第一个高山宇宙线实验站，第二年就利用自制的设备，完成了一批宇宙线研究的科研成果。论文《一个中性重介子的衰变》在布达佩斯召开的国际宇宙线物理会议上宣读后引起各国同行强烈反响。当时与王淦昌同时开展宇宙线研究的两位苏联科学院院士在帕米尔高原上也建造了一个宇宙线实验站。这两位苏联专家好大喜功，用自己设计的一套电子系统操作，不久就声称已发现一种叫“变子”的新粒子，因此在苏联走红，获得斯大林奖和“社会主义劳动英雄”称号。王淦昌对苏联同行的“成果”表示怀疑，便重新实验。结果他认为“仅凭一个电子信号就断言有什么发现实在太草率了”，并当即在公开场合表示“苏联人的发现靠不住”。这是什么年代，王淦昌竟敢对已经获得斯大林奖的苏联“社会主义劳动英雄”的成果说三道四？但后来许多科学家都验证了王淦昌的判断是对的，世界上根本不存在什么“变子”。几十年后，物理学家、院士何祚庥说：“这件事当时在我心里引起的震动是巨大的。我一是惊讶苏联人居然也有不成功的事情，二是从心底里佩服王老敏锐的科学洞察力。在那时的政治背景下，王老对苏联科学家的直言批评，充分体现了他追求真理、崇尚实践的政治勇气和科学精神。这件事给我的启迪是，对科学问题的评价不能政治化，不能用政治观点去评价科学发现。这个原则我们应该永远牢记。”

王淦昌的行为和何院士的话发人深省。

我们稍稍放缓一下脚步，回头再细品一下王淦昌先生多次提到的“云雾室”和“宇宙线”，它们到底是什么东西？对物理学研究尤其是核科学研究有什么特别的意义？

云雾室，亦称云室（英文名：cloud chamber）。它是早期科学家们所发明的一种核辐射探测器，也是带电粒子径迹的最早探测器，由英国物理学家威尔逊发明，故一般称为“威尔逊云雾室”。1911 年，威尔逊首先用云雾室观察到了并照相记录了 α 和 β 粒子的径迹。1928 年以后，这一技术在全世界各有关实验室得到推广并取得了重要成就。由于威尔逊在云雾室方面的贡献，他获得了 1927 年的诺贝尔物理学奖。

光子与电子对撞！

正电子的发现，又让近代物理学产生一个新的里程碑。

继而又有“反物质”粒子的发现，等等，等等。

总之，物理学家通过云雾室，完成了一个又一个科学的伟大发现，使得从事物理学的科学家一次次拥抱诺贝尔奖。王淦昌在 1930 年就读德国柏林大学威廉皇帝化学研究所博士时，就曾两次向导师提出建议：用云雾室做探测器重复另一位著名科学家博特先生在这之前提出的所谓 α 粒子轰击铍核产生了 γ 辐射的“发现”。结果，王淦昌的这一建议遗憾地没有被导师所采纳，后来被人按照他的这一建议方向完成了一项重大发现，即中子的发现并获得了诺贝尔奖——上面我们已经说过，这是王淦昌先生首次与诺贝尔奖擦肩而过。如此一个巨大的原因，是因为当时的王淦昌一则是中国留学生，二则他是个才 23 岁的学生，骄傲而伟大的导师是与居里夫人平起平坐的迈特纳教授，她让自己的学生失去了一个伟大的机会。外人普遍这样认为。王淦昌自己则认为：是自己没有坚持正确方向，说服导师以求得她的支持。科学就是这样严肃，你不坚持真理，真理就笑着从你身边“溜”走。

关于“宇宙线”这样更专业的科学名词，还是请王淦昌院士自己来介绍吧：

“1900 年到 1901 年，人们在研究空气的电离现象时，发觉静电计总是有漏电现象。起初，人们认为这种现象是由地壳中的放射性物质发出的射线引起的。为了验证这种设想，科学家们做过很多实验，但都没有结果。1912 年的一天，奥地利年轻的物理学家赫斯，冒着生命危险，乘高空气球进行精密测量。他一直升到 5350 米的高空。结果表明，气球开始上升时，电离强度渐渐减弱；到了离地面 800 米以上的高空，空气电离却越来越强。原来有一种来自宇宙空间的射线，时时袭击着我们的地球，引起空气电离，这种射线，我们就把它叫作‘宇宙线’，也叫宇宙射线。赫斯因为发现宇宙线，获得了 1936 年度的诺贝尔物理学奖。”王淦昌院士的介绍，让我们知道了什么是科学发现，科学发现又是多么的危险和需要有献身精神。诺贝尔奖确实也不是那么容易得到的。没有牺牲精神和坚韧的攻关努力，任何科学发现与发明皆不可能。

“宇宙线粒子的数目非常大，它们的穿透本领极强，有一部分可以穿过地球大气层，射到很深的地下，有的还可以穿过地球。每天有 10 万个以上的宇宙线粒子穿过我们的身体。不过你不用害怕，它对人体没有伤害。宇宙线粒子很小很小，人的眼睛无法看到，科学家们用专门的探测仪器来探测是不是有粒子‘路过’，或者把它们的‘足迹’拍下来进行研究。最早发现的一些基本粒子，都是在宇宙线中首先找到的。”

可想而知，研究和弄明白宇宙线中的“未知世界”，对科学发明和发现是多么的重要。王淦昌因此特别重视宇宙线的研究与云雾室的建立。1950 年 5 月，中国科学院近代物理研究所成立。王淦昌在清华大学时期的导师吴有训任所长，钱三强任副所长。一年后钱三强任所长，王淦昌和另一位清华大学聘来的教授彭桓武任副所长。彭桓武也是位了不起的物理学家，年轻时在英国留学曾获得两个博士学位，数学极其厉害，计算时从不用助手，计算公式全都在他脑子里。

这个所对王淦昌来说，如鱼得水。尤其是他对宇宙线的研究，让他有专门的时间和专业的条件来实现他在德国读博士和几次与诺贝尔奖擦肩而过的以往有种重新“补回来”的意味。“我很高兴从事宇宙线研究，可以说是多年的愿望终于实现了！”他对朋友们这样说，脸上流露出的满是喜悦。“有趣！真有趣，现在总算可以做自己想做的事了！”回到家，他一个人在房间里念叨着。妻子吴月琴则在一旁默默地看着丈夫，什么话都没有说——她根本不懂自己的有大学问的丈夫在干什么、喜欢什么、不高兴什么。但有一点她作为妻子是最关心的，那就是他的身体，他的心情。一旦听到他又在独自笑嘻嘻地念叨“有趣”时，妻子是最欢心的。因为她知道这时的丈夫是蛮开心的，是工作上顺利、科研上顺利、啥事都顺利的时候。“跟囡囡讲讲话！”他顺心时，妻子会抱着或拉着孩子走到丈夫身边，让他跟大大小小的子女们开心地玩耍。

“哈哈……有趣！有趣！你们又长高了！长胖了！”这时的王淦昌会十分开心地搂搂这个儿子、理理那个女儿的长发，像个大孩子似的与他们玩起来。

王淦昌院士的家庭是和睦与欢乐的。只是这样的时候很少。多数时间里，他——身为一家之长，基本上只管自己的事。“你们要记住：我的事关系到国家的强盛，所以你们尽管听妈妈的话，不要来干扰我的工作。听到了吗？你们要按照妈妈的要求学习好、生活好，将来还要工作好！”王淦昌教育儿女基本上就这几句话，没有太多道理和方法。孩子们似乎也习惯了，知道爸爸是个大忙人，是个搞学问的“书呆子”。

“有趣，他们竟然背地里叫我‘书呆子’！”王淦昌不在乎儿女们怎么称呼自己，而在乎他们如何做人，做个有用的人，做个听妈妈话的人。这几点是他在乎的。

其余的时间和精力，他都用在国家的科学事业上。

“新中国成立初期，条件很艰苦。帝国主义对我们实行封锁，我们就是有钱也买不到仪器设备。要开展核物理和放射化学研究，少不了各种探测仪器，我们就向延安时期的共产党人学习，自己动手，丰衣足食，发动大家一切从头做起。我在宇宙线组提出研制仪器和实验工作并进，自己首先动手制作仪器。我制作了计数管，焊接好自控电子线路，配上闪光光源，在一间暗室里开始了宇宙线照片的拍摄。当时就这样的条件，但它丝毫不影响我们对高端科技领域的进军步伐。”王淦昌说，不是所有的科学发现是在条件都具备的情况下实现的，人类探索未知世界，有时就是在并不具备很好条件下做出来的，尤其是一些基础科研工作。

尽管如此，王淦昌在寻找高能量的奇异粒子时碰到了困难。云雾室是必需的，而他和所里还没有一个像样的云雾室。当他得知另一位科学家从美国带回了一台比较先进的云雾室后，立即软磨硬泡地去借了过来。第二年，王淦昌他们自己也制造了一个带电磁铁的云雾室。1954 年，在他的主持下，在云南落雪山建了一座云雾室，这种高山云雾室对探测宇宙线粒子物质作用巨大。1956 年，他和肖健又制造了一个更大更先进的高山云雾室。“可以说，在 20 世纪 50 年代，我国的宇宙线研究水平与国外差不多。我们和国外的交流也较多，国外一些同行，甚至对我们的宇宙线研究成果十分吃惊并好奇，纷纷要求合作。”

这段时间，除一边从事繁重的宇宙线研究外，王淦昌还应清华大学之邀，在清华开设了一门宇宙线物理课。他专门提出了“在地面和高空宇宙线的强度不一样”这样的重要问题，并指出：是否能用气球、探空火箭载探测器进行实验？后来在 20 世纪 70 年代末、80 年代初，高能物理研究所宇宙线研究室就用了高空气球进行了这种实验，收到效果。

1955 年，中国科学院成立学部，王淦昌被推荐为首届学部委员，即现在称之为的“院士”。

新中国成立初的这几年里，王淦昌作为顶级核物理学家，他还做过两件我们想象不到的工作：一是参加土改，二是到朝鲜战场工作。

“我与四川有缘。”王淦昌院士曾对我说过几次这样的话。他跟四川确实缘分不浅。

1951 年 5 月，中央土改工作第一团赴川北地区工作，王淦昌被派到这个分队。去的那个地方的领导，是后来任党的总书记的胡耀邦同志。“王先生是科学大专家，欢迎到我们这儿指导土改工作。”欢迎会上胡耀邦握着王淦昌的手，说道。

“学习学习。我是来学习的。”王淦昌先生很不好意思道。他心想：我是搞科研的，弄点物理学什么的还行，土改这事我哪干得了嘛！“虽然我生在农村，小学毕业前一直生活在农村，但对地方怎样剥削、压迫农民，并不了解。通过土改工作，我了解到旧社会种田的农民没有田，或者有很少的田……他们在地主压迫和剥削下生活得很苦。”大知识分子王淦昌似乎第一次有了“阶级觉悟”。工作组对王淦昌很照顾，并不让他干太多的具体工作，但他依旧像对科学工作那样认真。他发现，川北那个地方患病的农民不少。“王郎中”的儿子王淦昌突然觉得自己也有了用武之地——“有趣！我父亲是郎中，我多少受他一些影响，也有些医疗常识。于是我研究了川北的钩虫病的传染途径以及预防和治疗的方法，向农民做宣传。”一时间，土改工作队里有个“王郎中”的名声传了出去。

“有趣！有趣！我也就是有那么一点基础常识而已。”王淦昌听说后，红着脸，自趣道。

土改工作队于当年9月完成任务后，于当月3日离开川北时，胡耀邦再次接见工作组成员，并且拍了合影。王淦昌在照片前排蹲着，干练地理着短发，很像“干部”。

“干部”王淦昌刚回到北京，就被叫到一个军事秘密部门。“王先生，朝鲜前线的志愿军总部传来一份情报，我们的战斗部队在战场发现美军在使用一种威力非常大的炮，几乎任何山体和障碍物都可以被摧毁，对我军战斗造成极大不利。我们怀疑是不是传说中的‘原子炮’。您是原子专家，想请您到前线进行实地考察，弄清这种炮弹到底是什么玩意儿，以便我们采取对策。”

原来如此。王淦昌一下觉得任务艰巨而紧迫。“好的。什么时候到朝鲜？”王淦昌并没有受过军事训练，但他是核物理学专家，明白这事的重要性和紧迫性，于是像战士接受命令似的那么果断而又勇敢。

“如果王先生没有什么特别要求，自然越快越好。”军事首长这么说。

“那好，我跟家里人说一声就可以走了。”王淦昌站起来说。

“对了王先生，这次您到朝鲜执行的任务属于军事机密，不能对任何人透露一点情况。包括自己的家人。”

“我明白。”王淦昌认真而坚定地点点头。

“干部”王淦昌，一下又变成了“军人”王淦昌。他第一次穿上志愿军军装，实在觉得“有趣”，而且蛮像那么回事，并且很有意思地像模像样地照了一张相片。

“能够到朝鲜战场上去，为抗美援朝做一点贡献，我很高兴，于是就抓紧时间准备。当时我想，要探测原子炮弹产生的放射性，就要有探测器。制造探测器我是熟悉的，真空管的盖革计数器，在当时算是最灵敏的便携式仪器了，它适合野外使用，测量的时候，用耳朵听‘嗒嗒嗒’的响声是多少就行了。制作盖革计数器，我还有一个小窍门：在管子中充入氩气的时候，加上一点酒精蒸汽，这样效果更好些。当时国内还不能生产电子管，我就到商店去买，到地摊上去找，钨丝是我自己拉制的，我还用白铁敲了一个外壳。为了保证在战场上使用时性能可靠，我对做出的管子挑了又挑，直到满意为止。”若干年后，王淦昌公开了这段朝鲜“秘密使命”，他的这种自力更生、一丝不苟的精神，值得今天所有的年轻人学习。

走向战场的道路艰苦而秘密，前线的硝烟与战火，让未来的中国一代核武器科学家看到了战争的残酷和无情。

“……白天走路，我们随时防备敌机来轰炸。一听到嗡嗡的声音，吉普车就赶快停下来躲一躲。声音过去了，再继续往前开。大多数时候是晚上赶路。晚上开车不能开灯，车只能慢慢地开。有一天晚上，是一位朝鲜青年司机开车，他嫌车开得慢，就打亮了车灯快开，这一下就把敌机招来了。吉普车周围落下七八颗炸弹，差点翻车，好危险！那是我一生中最危险的时刻！”王淦昌回忆道。

志愿军司令部领导对王淦昌一行的到来寄予厚望。王淦昌从志愿军领导的脸上看到了大家想弄清楚美军“原子炮”的迫切。王淦昌也不含糊，第二天就到了战场一线，对美军投入的“原子炮”弹片进行现场探测。结果分析发现，并非是大家猜测的“原子炮”，而是一种威力很大的“飞浪弹”。王淦昌是核物理学专家，了解原子弹的基本杀伤力。“那时虽然我们对原子弹了解并不太多，但有一点基本清楚，即使是当量很小的原子弹爆炸的话，它所产生的温度绝对不太可能留下弹片之类的东西。现在我们在战场前线看到的却是美军炮弹的弹片，显然它还没有原子弹炮那么大的威力。所以我作出了判断：美军没有使用所谓的‘原子炮’，而是有一种威力相对比较大的炮弹。”王淦昌的这一判断，让志愿军总部首长和全体志愿军松了一口气。这穷凶极恶的美国佬如果真的使用原子弹炮一类的武器，那我们志愿军就吃大亏了！

王淦昌一生为国家立了无数大功。在朝鲜战场的四个月，他的功劳自然也被人民军队记着。当年，全国政协专门给他颁发了一枚非常珍贵的抗美援朝纪念章。

第四章

真的“有趣”了——莫斯科实验室里，再次与诺贝尔奖失之交臂

1956年9月，王淦昌在莫斯科出席杜布纳联合原子核研究所成立大会后，中国政府给他下达了一项特殊使命：留在这个研究所，与苏联同志一起利用这台当时世界上最先进的高能加速器进行更好的科学研制工作，新中国也迫切需要核物理科研成果，说不定以后我们还要搞更重要的核科学工作呢！

第二次世界大战结束后，世界格局出现了以美国为首的“资本主义阵营”和以苏联为首的“社会主义阵营”。这种有你就没有我的冷战状态，必然造成两大阵营之间在军事和政治上的激烈攀比与斗争。特别是以原子弹为标志的核武器的诞生，使与核武器密切相关的核物理实验研究变得更加抢手。

为了对付以美国为首的资本主义阵营，苏联政府制定了帮助各社会主义国家发展核物理基础研究的计划，杜布纳联合原子核研究所（简称杜布纳研究所）的成立便是实施这一计划的首要部署。中国政府不失时机地选派了最具发展潜力的核物理学家到此进行“充电”，除了王淦昌外，还有周光召和丁大钊、胡宁等。此时，王淦昌的学生李政道和另一位华裔科学家杨振宁一起在美国留学期间，提出了“弱相互作用中宇称不守恒定律”，揭示了弱相互作用的性质，从而获得这一年的诺贝尔奖。王淦昌既为自己的学生高兴，同时也憋着一股劲：努力工作，争取为国家早日拿出成果！

从 1956 年 9 月到 1960 年 12 月 24 日在杜布纳联合原子核研究所的四年多时间里，王淦昌认为这是他一生从事科学实验工作最得心应手的好时光。不仅因为这儿的生活条件很好，比在柏林大学留学和在浙江大学工作时不知要好多少倍，更重要的是这儿有当时世界上最先进的高能加速器。美国人在 1954 年有了第一台 6.4GeV（千兆电子伏特）高能质子加速器，但苏联这台高能加速器是 10GeV 的，超过“老美”的级别。有了高能加速器就意味着可以在研究反粒子领域获得最快捷的途径。1955 年，美国科学家张伯伦和塞格雷仅在美国高能加速器建成几个月，就利用它发现了反质子，因此获得了 1959 年的诺贝尔奖。苏联杜布纳研究所的高能加速器是当时世界上能量最高的加速器。在当时，世界物理学界谁拥有了高能加速器，谁就可以去拥抱诺贝尔奖，谁就能主宰东西方世界。杜布纳研究所的建立，就是以苏联为代表的社会主义阵营希望利用最先进的技术设备与西方世界在尖端科技领域搏一搏。在刚到杜布纳研究所时，苏联朋友在用伏尔加葡萄酒招待中国客人时就流露出了这种强烈的愿望。

“美国的张伯伦和塞格雷算什么？比起我们的‘北极熊’，他们的高能加速器只能算‘小毛驴’。小毛驴怎么能与我们雄健的北极熊较量？哈哈哈……”苏联朋友自豪地拍打着自己造的 10GeV 高能加速器，用猩红的眼睛盯着王淦昌等中国朋友，半醒半醉地说道：“我们一起……一起把美国佬赶到大西洋里，喂……喂鲨鱼去！密斯特王，知道你是了不起的科学家，我们全看你的了。啊，来来，为我们的苏维埃，为我们的斯大林同志干杯！”

王淦昌不会喝酒，尤其是苏联的那种烈性酒，他一生中最多能喝几口常熟老家的那种米酒，但在苏联朋友的盛情邀请下，没喝酒心却快醉了！那天，中国专家第一次来到莫斯科郊外，王淦昌和周光召、丁大钊等漫步在四周是郁郁葱葱的原始森林的伏尔加河、杜布纳河边，顿觉心旷神怡。之后，他们再没有时间进行如此悠闲的散步了，每天必须有十几小时甚至近二十小时站在那台庞大的高能加速器旁，或连续几天在见不着一丝光亮的云雾室内……王淦昌开始是作为课题组长指挥中国助手们的，后来担任了杜布纳研究所副所长，手下不仅有中国科学家，还有苏联、越南、民主德国、波兰等国的几十名学者。王淦昌成了整个研究所的一名指挥官，一名向世界科学技术最前沿冲锋的指挥官。

在杜布纳研究所的那段历史，曾担任全国人大常委会副委员长、王淦昌当年得力助手之一的周光召也有着难忘的记忆。他说："我和王先生在苏联杜布纳联合原子核研究所工作时，他已经近50岁了，我们对当时迅速发展的高能物理都没有经验。王老作为中国组的组长，为了维护中国科学工作者的荣誉，组织大家从头学起。每天晚上在中国同志内部开展互帮互学，王老自己也不例外，与大家一起学习，以能者为师，不耻下问。很快，王老领导一个小组建成了苏联当时第一个大型丙烷气泡室，并开展实验工作……我们都知道，一个年近50岁的科学家要转向新的学科领域，学习新的知识是何等的困难。但王老以他高超的智慧、超人的精力和艰苦的学习战胜了困难，不仅完成了这个转变，而且很快就成了新领域中出色的专家。"

王淦昌心里清楚，他作为中国组的组长和杜布纳联合原子核研究所副所长，身后不仅有一批来自社会主义国家的科学家，更有斯大林和毛泽东等领导人在看着他工作！当然，作为对手，美国人也在死死地盯着他。从当时的物理科学领域看，竞争也处在白热化状态。特别是世界上第一颗原子弹爆炸后，基础科学中的物理基本粒子研究成了最热门的前沿课题，对基本粒子与原子核之间相互作用及其转化规律性的认识，成了当时著名科学家最醉心的研究项目。王淦昌执掌的又是最大能量的加速器，不抢先研究出成果实在有点说不过去。

王淦昌和杜布纳研究所的首要任务是如何选择研究方向，这好比决战前的指挥方案，制定得好，就胜利了一半，反之就可能断送整个战役。由王乃彦院士审校，李瑞芝、孙晓光、常甲辰编著的《核物理学家王淦昌》一书中记述了当年王淦昌领导中国科学家和兄弟社会主义国家的学者们，利用苏联高能加速器进行一系列实验探索和完成了一项世界性影响的科学发现的过程。

王淦昌到杜布纳研究所工作时，正是国际上利用高能加速器进行基本粒子研究的第一代工作时期。他以准确的科学判断力，根据当时面临的各种前沿课题，结合高能加速器的特点，提出了两个研究方向：一是寻找新奇粒子（包括发现各种超子的反粒子）；二是系统地研究高能核作用下各种基本粒子的产生规律。科学的发现有两种情况，一种是理论预言的实验，这种发现是有既定方向的，只要选好技术路线，一般来说会有所发现；另一种是带有偶然性的，就是在众多的实验结果中察觉到异常点，并进行确认，这种工作对实验工作人员的要求就相对更高一些。而且前者的科学发现，其价值一般比不上后者。王淦昌在设计研究课题时，对这两种工作都给予重视：新粒子的发现有一定偶然性，而利用人类所掌握的实验资料研究基本粒子相互作用则必然会有结果。利用高能量加速器打击核靶，既可以产生新的粒子，也可以对研究基本粒子在核作用过程中的产生规律提供许多新的信息。

王淦昌选择的两个研究方向，正好发挥了联合研究质子同步稳相加速器的能量优势。如果把科研工作比作一首交响曲的话，那么，按照王淦昌的编排，乐曲的展开，都是以由他亲自负责寻找新粒子课题为主旋律，并辅以两个平等出现的旋律——研究在高能核作用下奇异粒子的产生规律（由丁大钊和另一位苏联同志负责）和介子与质子相互作用的研究（由王祝翔负责，后来把其中非弹性作用的一部分分析工作划给另一个由苏联工作人员为主的研究组）。当然，研究组的主攻方向是寻找新粒子。这是具有挑战性的课题，难度自不待言，可以说具有一定的风险。因为杜布纳研究所高能加速器建成后，人们都期望能尽快利用它作出突破性的成果。王淦昌要求不论谁分配在哪个课题组，在观察原始实验资料时，都要为这个主攻方向积累资料。

“那正如一场紧张的战役。”著名物理学家丁大钊院士在回忆文章《反西格马负超子的发现》时，这样说道：

“工作分成三个小组并列进行，即新粒子研究、奇异粒子产生特性研究和 π 介子多重产生研究。在研究所加紧进行 10GeV 高能加速器建设的时候，相形之下，各种探测器的建设工作没有及时跟上。到 1956 年秋季只具备一套确定次级粒子及其飞行方向的闪烁望远镜系统，一台大型扩散云雾室和一台膨胀云雾室。这些探测器固然有一定的用处，但不能发挥高能加速器的优势来进行前沿课题的研究。利用高能加速器进行基本粒子研究的优势在于选择有利的反应系统，全面观察所要研究粒子的产生、飞行、相互作用（或衰变）的全过程。根据这一特点，选择放置在磁场内可以进行动量分析的大型气泡室作为主探测器将是合适的。气泡室的工作介质既是高能核作用和靶物质，又是基本粒子的探测器。气泡室是 1952 年由格拉泽发明的一种新型高密度粒子探测器，当时在研究所已积累了研制小型丙烷气泡室的经验。为了争取时间，王淦昌教授提出抓紧建立一台长度为 55 厘米、容量为 24 升的丙烷气泡室。它富集氢原子核，技术又比较简单，有可能在短期内建成，可以放入现成的为放置膨胀云雾室所准备的磁场中，以便与加速器调试进程相互匹配地进入所要研究的课题。如果选用氢气泡室的路子，则在探测器的研制上将花费很多时间，势必损失掉加速器的能量优势。

“选择什么反应系统来研究新奇粒子及基本粒子的特性？从要发现反超子的角度讲，利用反质子束的 $\widetilde{P}+P \rightarrow \widetilde{Y}+Y$ 反应是非常有利的。1957 年王淦昌教授与肖健教授的私人通信中即谈到这一想法。要得到比较‘纯净’的反质子束，必须用复杂的电磁分离系统，把比反质子多几千万倍的 π^- 介子、比反质子多几千倍的 K^- 介子在同样动量的次级负粒子束中剔除掉，这种系统非常复杂，在研究所不是短时间内能建成的。因此，王淦昌教授于 1957 年夏天提出利用高能 π^- 介子引起核反应来进行研究。这条技术路线从寻找反超子角度讲，有不利的一面——‘本底大’，但也有其确切意义的一面，即在原始反应系统中没有反重子，如果发现反超子，那么这个反粒子就是‘真正’被产生出来的，并且为研究其他新奇粒子及基本粒子产生的系统性质，提供了更广泛的机会。由于技术路线选择得当，24 升丙烷气泡室于 1958 年春建成。1958 年秋即开始了第一批 6.8GeV/c π^- 介子与核作用数据的采集；1959 年春又建立了 8.3GeV/c 的 π^- 介子开始新一轮的数据采集。前后总共得到了近十万张气泡室照片，包括几十万个高能 π^- 介子核反应事例。王淦昌教授把握着研究课题进程的每一个环节。在大批实验资料开始积累之初，他即根据各种超子的特性，提出了在扫描气泡室照片时选择‘有意义’事例（即可能的反超子候补事例）的视觉标准……扫描气泡室的立体照片是一项很辛苦与繁杂的工作。王淦昌教授虽然那时已 50 多岁，又是近视眼，戴了眼镜用立体扫描仪工作，因焦距不对很不方便，摘了眼镜则又很伤视力。但他每天坚持扫描大量照片，并告诫青年人要认真注意扫描中发现的现象，尽可能分辨真相与假象。例如一位民主德国的大学生来我们组实习，初期经常把高能正负电子对当作 V_0 粒子记录下来，王淦昌教授教导他如何运用已知的物理知识来区分这两者，使‘本底’大大地降低。正因为王淦昌教授的言传身教，我们研究组的年轻同志在积累气泡室照片的同时，又都能抓紧时间扫描照片，并相互认真校检，以便减少‘漏计数’。即使头一天晚上在气泡室运行上值班后，第二天也能认真地投入扫描工作，而长期乐此不倦，使我们的研究工作能以较快的进度开展……”

“大家过来一下，看看这张‘蜘蛛网’奇特吗？它就是我们梦寐以求的反超子！”一天，王淦昌突然惊呼他的助手们，让他们都过去仔细看一下气泡室里出现的一个奇迹。

“对对，看到了！真的像蜘蛛网呀！”助手们顿时欢呼起来，围着王淦昌让他给这个新奇的粒子起个名字，因为这新奇的粒子一旦向外宣布，将震惊整个世界。

“它是反西格马负超子，当然应该叫反西格马负超子嘛！嘿嘿，真有趣！”王淦昌自言自语道。

“中国朋友发现新奇粒子啦！”

“乌拉，伟大的苏维埃高能加速器万岁！”

“斯大林—毛泽东万岁！”

王淦昌领导下的研究小组发现了世界上第一例反超子，其意义不亚于一项单纯的诺贝尔奖，因为它使当时的基础科学又向纵深大大地跨越了一步。正如丁大钊院士所言：“王淦昌对‘反西格马负超子’的发现，正是因为有许多这样的学者的探索、研究，才使基本粒子研究从20世纪50年代认为是‘基本’而发展到60年代认为‘不基本’，使人们对物质结构的认识发展到更深入的层次。自然科学的发展就是要归功于这些有丰富、活跃科学思想的学者的创造性劳动。”

“为了让美帝国主义看看社会主义科学成就”，苏联《真理报》和中国的《人民日报》都为反西格马负超子的发现专门作了重要报道。科学权威刊物《自然》还指出：实际上发现反西格马负超子是在微观世界的体系上消灭了一个空白点。1982

年，中国政府在那个难忘的“科学春天”里，特别向王淦昌等当年参与发现反西格马负超子的科学家颁发了新中国成立以后物理学家获得的第一个最高奖：国家自然科学一等奖。

1972 年，美籍华裔著名科学家杨振宁回到中国，一次谈起苏联当年的杜布纳研究所时，对周恩来总理说：“杜布纳联合原子核研究所这台加速器上所做的唯一值得称道的工作，就是王淦昌先生及其小组对反西格马负超子的发现。”

大功臣王淦昌在谈起杜布纳研究所的成就时，总是谦虚地说“这是大家的功劳，我只做了应该做的事”。同时他又指出：在物理学这样的前沿科研工作中，既要有先进的物理思想，同时也要有实现这种思想的手段，才能取得研究成果。这是从实践得出的真理。王淦昌常常借此用自己切身的体会和教训教育自己的助手与学生。他说：“当年我在德国留学的时候，如果有云雾室，就可以弄清那穿透力很强的射线是什么。当我经过多年的思考，想出一种巧妙的验证中微子存在的实验方案时，如果有实验设备，这个实验就可以由我自己来做，那么首先证明中微子存在的就不会是外国人，而是我们中国人。我曾经想方设法研制各种径迹探测器，想用它们把一些新粒子的径迹记录下来，但是由于物质条件太差，效果都不好。你们想想，实验设备对实现一种物理思想多么重要！”

落后就要挨打！这是邓小平曾多次告诫的话。而王淦昌在 23 岁时痛失诺贝尔奖、在抗战时的湄潭再失诺贝尔奖，同样一个客观原因是：那时的中国太穷，战争无情。那个时候的王淦昌竟然连起码的一台云雾室都没有，只能靠照相馆的暗室和在阳光下做些实验。如果……唉，科学成就是不讲“如果”的。

落后不仅要挨打，落后还会把金山银山白手拱让给他人。

王淦昌与诺贝尔奖失之交臂，吃的就是中国穷、中国落后这个亏！

然而，王淦昌本人对此，淡淡一笑。“不足为奇。科学就是如此，差半步都不行。”他说。

当杜布纳科学城的科学家们欢呼发现反西格马负超子这一伟大科学成果时，中国政府突然给正在莫斯科郊外的中国科学家王淦昌发来一份绝密电报：放弃手头工作，立即回国接受新的任务。

什么新任务这么急呀？王淦昌一生不善政治，但他知道自己从事的核事业与政治太密不可分了。不用说，祖国的需要是第一位的，在决定离开杜布纳研究所的那一夜，他静静地思索了一下各种可能。他已经好久没顾上看看报纸了，可当他拿起一份中国的《人民日报》和一份苏联的《真理报》时，不由内心一阵隐痛：两个社会主义大国已经骂得不可开交了！

“太糟糕啦！”王淦昌从不对政治时势发表评语，然而他内心明白：中国要与苏联彻底分手了，中国的科学发展也将同时要与苏联“老大哥”们断绝交往了。作为一名科学家，王淦昌知道新中国成立不久，一切科学实验条件尚不具备，相对而言，苏联要强大得多、先进得多。“我能为祖国做些什么呢？”那一夜王淦昌睡不着。第二天，他最后一次把在留苏期间积攒下来的全部积蓄以买设备的名义交给了中国驻苏联大使馆。

“今天我把大家招来，想开最后一次会议。大家知道，我已经接到回国的命令。”离开杜布纳的前一天，王淦昌把在杜布纳研究所的中国部下全都召集在一起，以少有的沉重口气对大家说道。助手们这才想起应该给王淦昌开个欢送会，准备点水果茶点什么的。“汪容，你们别去忙乎，坐下，都坐下。我有话对大家说。”汪容等年轻人只好折回，坐到原来的位置上，静等一向严格要求的王淦昌“训话”。

“我给大家出一个题目：今后的高能物理实验方向应该如何选择？这是顶顶重要的。我比你们先离开研究所，你们也要做好马上回国的准备。回去后我们的条件比这儿差了，但新中国的物理科学实验不能停！怎么办呢？我们心里必须有数。这是我离开杜布纳留给大家的最后一道题，你们回答好，我心里就踏实了。这比给我开个隆重的欢送会要开心得多！”王淦昌说完自个儿又乐起来，“真有意思！”

部下们一下也跟着乐了，像往常一样，又你一言我一语地“开起仗”来了……“要我看，王先生的方法也不是最理想的。”有人当着王淦昌的面在黑板上划拉着，而这样的事在杜布纳研究所是常有的事。导师与学生进行角色交换，在王淦昌的身上不算是新鲜事儿。这不，已经打好领带准备回国的王淦昌，还是以一副平常心坐在台下听自己的学生发表高论。

这时，坐在一旁的汪容被人轻轻用胳膊捅了一下："快看，王先生干吗呢？"汪容转头一瞅，差点笑出声。原来，聚精会神的王淦昌竟然不知什么时候从沙发上出溜了下来，蹲坐在地上竟毫无察觉。"先生，您还是坐起来舒服些。"汪容将他扶起，王淦昌似乎仍然没有感觉似的两眼直盯着黑板……

这一幕，几十年后汪容一直没有忘记过。他说："王淦昌先生对科学的真诚与专注，教育了中国物理学界几代人，并且永远是后人的榜样。"

第五章

“有趣”的国家最高机密——造原子弹

王淦昌从朝鲜战场回国，似乎还未来得及拍干净战争硝烟留在衣服和皮肤上的残味儿，一天，又被通知到二机部部长办公室开会。

什么事这么急呀？王淦昌走进部长刘杰的办公室时，见老朋友、好搭档钱三强教授也在。钱三强此时是二机部副部长兼原子能研究所所长，王淦昌内心的紧张似乎减少了一半。

“王先生，今天请您来，想让您做一件重要的事情。请您参加领导原子弹的研制工作。”刘杰部长开门见山，“毛主席和党中央已经作出决定，有人想卡我们，我们就要争口气！”

我们中国也要造原子弹？！王淦昌一阵激动，他看看钱三强。

钱三强朝他重重地点了点头。

这是真的了！王淦昌只觉自己的手心热得很。作为核物理学专家，能向真正的原子弹进军，造出一颗实实在在的“家伙”来，这可是实验出身的王淦昌的毕生愿望，而这不是所有从事核物理学的科学家都有这种机会的。你如果在一个小国家，你怎么可能有造原子弹的机会呢？你如果是在一个穷国家，你也恐怕难有机会造原子弹，哪有钱去烧呀！造核武器就是烧钱、烧大钱的事儿。即使你在强大的国家里，你也同样未必可以直接参与制造原子弹。造原子弹是任何一个国家的最高机密，参与核心工作的专家，都是核心之核心。美国当年造原子弹的人几乎无一例外地与外界隔断联系十年八年不等。在这期间这些人连同他们的家人和亲近的人，都要受到情报部门和军方最严厉的“管控”，甚至稍有违规，其惩罚措施让一些人死在何处、怎么死的都不知道。

原子弹太危及人类和影响一个国家的成与败了！原子弹的研制秘密从来就是一个比国家选举总统还要重要之重要的事情。

现在，中国也要制造原子弹了！王淦昌能不高兴吗？没有原子弹的国家一定不会是个真正的大国，没有原子弹的大国即便人口超多、国土面积超大，也没有用，也仍然是受人欺负的弱国、小国而已。

有原子弹的才是真正的大国、强国。从第一颗原子弹拥有者的美国在七十多年前向日本扔下那颗原子弹到今天，它的霸权与强大，无人可敌。

王淦昌的思绪此刻激荡无比，联想多多……

“自己几十年来的追求，期望，都将落实到将要接过的这一副沉甸甸的担子上。”

王淦昌此时有很多话想要说，但当时他只说了一句话：“我愿以身许国！”

“毛主席给原子弹研制工程定的代号是‘596 工程’，是国家最高机密，从现在起你必须长期隐姓埋名，不得跟任何人透露你的工作，即便是家人。还要断绝一切海外关系。”

刘杰部长、钱三强所长同时用坚定的目光看着王淦昌，期待满意的答案。

知识分子出身的王淦昌，像刚入伍的战士，站起身来，毕恭毕敬地向刘杰部长、钱三强所长保证：“行，我能做到！”

“好！我们相信你能做到。”刘杰和钱三强顿时对视着笑了，请王淦昌坐下。

“为了工作需要，不用真名可也得有个化名吧？总不能叫我的王先生阿狗阿猫呀！”刘杰的一句话，使气氛异常的办公室爆出一阵笑声。

王淦昌又“噌”地站立起来，眨了眨眼睛，说：“就叫王京吧。北京的京，怎么样？”

“好呀，王京同志！让我们一起为中国研制出原子弹吧！”刘杰高兴地上前握住王淦昌的手，一旁的钱三强也把自己的手放了上去……

从这天起外国科学界发现，即将要拥抱诺贝尔奖的著名物理学家、反西格马负超子的发现者王淦昌一下子“消失”了……

就是那个1997年的夏天，我在采访时问过王淦昌先生：“您当时真的没预感到国家高层领导有朝一日让你去研制原子弹？”

90岁的王淦昌准确地回答我：“怎么没有预感到呢？我是搞核物理的，当然知道先进的国家都在把物理科学技术运用于国防和军事上，核武器是我们核物理科学工作成果在20世纪四五十年代的最终体现。我们新中国从成立开始就注意这个问题，从钱三强教授把我从浙江大学调到北京中科院近代物理研究所那天起，我们就制定了新中国物理科学的前沿课题，其中之一就是核物理研究。当然真的要搞原子弹，还是我从苏联回国接受命令后才知道的。”

中国搞原子弹是被逼出来的。代号“596工程”便是以毛泽东为代表的中国共产党人在与赫鲁晓夫为代表的苏联政府针锋相对时上马的。

当美国人于1945年7月16日在新墨西哥州洛斯阿拉莫斯附近爆炸世界上第一颗原子弹之前，德国的哈特克博士就曾向德国陆军部建议研制核炸弹，他在信中这样对德国的陆军将领们说：“我冒昧地请你们注意在核物理方面的最新发展。我们认为这些发展将使人们可能制造出一种威力比现在的炸弹大许多倍的炸弹……显然，如果我上述所说的可能性得以实现，这肯定是在可能范围内的——那么，首先利用这种炸弹的国家就具有一种超过其他国家的无比优势性。尊敬的将军们，相信科学家们的见解吧！”当时希特勒希望自己拥有一种超级武器扭转战争局面。然而海森堡却给了希特勒一份报告，告诉他尽管德国的核武器已经取得了不小的进展，但原子弹仍然无法在近期之内建造出来。大失所望的希特勒将精力全部转向了 V–2 导弹的研究上，纳粹德国的核武器计划就此终结。不过幸亏希特勒最终没有造出原子弹，否则今天人类可能是另一种状况了。与德国人相反，美国人对原子弹的兴趣远超过德国人。在第二次世界大战后期，著名科学巨匠爱因斯坦也用同样的方法写了一封建议造原子弹的信，不过他的信是直接写给美国总统罗斯福先生的。他在信中说：“利用大量铀进行核裂变链式反应已成为可能，这样将产生巨大的能量和生成类似镭的新元素……这一现象将导致制造炸弹。虽然还不能肯定，但可以设想制造出一种威力无比巨大的新型炸弹……只要一枚这样的炸弹，就足可以毁灭一个海港及附近地区……”爱因斯坦以他个人的巨大影响力，使瘫坐在轮椅上的罗斯福总统心头为之一动：“造一个给希特勒看一看也无妨。”于是经过两年准备，一项名为“曼哈顿工程”的研制原子弹计划正式启动。担任此项工程的组织指挥者是格罗夫斯将军，技术负责人是著名物理学家，后来被称为“原子弹之父”的奥本海默。罗斯福本来是准备把原子弹用在打击德国法西斯的，但希特勒投降了，只有日本还在东方战场挣扎。罗斯福觉得应该让全世界知道一下未来“世界第一强”的美国是个什么样子，于是就在1945年8月6日和9日两天，连续在日本广岛和长崎投下了一枚代号为“小男孩”和一枚代号为“胖子”的原子弹，造成数十万平民死亡。悲剧发生后，全球震惊，弄得当时写信给罗斯福总统的爱因斯坦后悔莫及，痛苦不堪地发表声明呼吁停止核试验。但当时的爱因斯坦已无能为力，因为核物理科学成就已被政治家们紧紧地握在手中，成为用来向别人耍威风的武器了。

二战结束后，美国的原子弹虽然不能再随便扔了，可它在苏联人的眼里却是一件必须对付并且一定要超过的东西。苏联专家们全力以赴，在1948年8月成功地进行了一次原子弹核试验。从此，美苏的核竞争开始了。美国至1967年时，库存核弹头曾多达3.2万个，苏联也不甘示弱，光这两个核大国的核武器数量足以将整个世界轰炸数遍。

“我们希望也有点那个东西。”那一年，苏共第一书记赫鲁晓夫与毛泽东在一起游泳，毛泽东向他伸出一个小手指。

“你指的是什么？”赫鲁晓夫从水中露出一颗硕大的光脑壳，装作不懂毛泽东的意思。

“当然是你们可以用来吓唬美国人的原子弹嘛！”

“什么？你们也要搞它？”赫鲁晓夫先是一愣，随即直晃脑袋，“不行不行，那东西要花很多很多钱。你们现在的主要任务是搞经济。至于军事上，有我们给你们撑着核保护伞，兄弟的中国人民和毛泽东同志你们就只管放心。”

毛泽东再也没有理会对方，独自躺在游泳池旁的沙发上一支接一支地抽着“熊猫”烟……

“主席说得很清楚，世界上两个强国现在都有了原子弹，我们也应该搞一点嘛！这‘一点’的意思就是从我们中国的实际出发，一点不搞是会受人欺负的，搞多了呢，不利于我们搞社会主义经济建设和提高人民生活水平。而这‘一点’是必须要搞的，主席是铁了心要搞一点自己的原子弹！”军委扩大会议上，周恩来总理向出席会议的老帅们和将军们讲述着毛泽东主席“要搞一点原子弹”的指示。

“第一步我们先搞一点原子弹，下一步就再搞一点氢弹、洲际导弹,我看十年工夫完全可能。这话我在几年前就说过了，大家还一定记得吧？”坐在正中央的毛泽东开口道。

“各位老帅和将军们都听到了吧？主席又一次下命令了：我们不仅要搞原子弹，还要搞一点氢弹、洲际导弹。今后世界强国有的武器，我们也都得有一点。”周恩来炯炯有神的目光环视了一圈，声音往上一提，“十年，主席给我们下达的是十年时间先要搞出原子弹、氢弹来，大家有没有信心啊？”

“有！”会上顿时响起一片欢呼。

毛泽东和周恩来会心地笑了。“哟，主席，我要先走了。那头我还有些急事去安排。”周恩来看看表，急忙跟毛泽东和诸位老帅、将军们打了声招呼，驱车回到中南海西花厅。周恩来说的急事，就是根据中央指示，尽快把王淦昌等一批中国物理学家接回来，以防不测。事后，秘密从苏联撤回中国物理学家的行动便开始了。王淦昌是第一位，也是最重要的一位。他借口回国汇报工作，从此离开了杜布纳。

周恩来在西花厅接见了从苏联回来的中国物理学家，关切地问王淦昌：“在杜布纳的几年还好吗？我们的人都从那边撤回来了吗？”

“按照中央部署，大部分人已经撤回来了。大家现在都已经到各自的岗位报到，情绪十分高涨。”

“这很好。你们在杜布纳研究所的一批同志都是我们国家核物理的骨干力量，毛主席和党中央对你们寄予巨大希望。主席今天还特别指出，第一步，我们要用五六年时间把原子弹造出来；再用四五年把氢弹、洲际导弹搞出来。你认为可能性大不大？”周恩来将询问的目光投向王淦昌。

“我看是可以实现的。”王淦昌认真地点点头。

“好。有你这位专家的话，我心里就踏实多啦。”周恩来站起身，感慨道，“难怪苏联专家撤出时对我说，‘你们有王淦昌，还怕造不出原子弹！’你还记得几年前我们一起会见过的他吗？”

“记得，总理，那次参加会见的还有苏方的阿尔齐莫维奇和我们郭沫若院长以及宋任穷部长。”

“你的记性不错。那时是我们与苏联合作核科学的开端，仅仅几年,形势就变化得那么大。今天一切得靠我们自己动手，你和同志们的担子不轻啊！”周恩来说得语重心长。

“请总理放心，我们一定全力以赴。”50 多岁的王淦昌像一名刚上战场的年轻战士，站起身子，脚又用力一拢。

“嗯，有点像当兵的样。”周恩来说完，自己先笑了起来。

“听说你化名了？叫——”

“王京，北京的京。”

“好，王京同志，老规矩，今晚还是请你从物理学的角度给我介绍介绍原子弹所需要的一切物质基础准备……”

据王淦昌的随身司机介绍，那些年里，他时不时需要在节假日或晚上，送王淦昌到中南海西花厅的总理办公处。在那儿，王淦昌或向周恩来汇报工作，或是周恩来请他上一节“原子弹知识课”。“王先生常常一进西花厅就是好几个小时，几乎每次从西花厅出来后，他都不是先回家，而是让我把车开到他的办公室。他总说总理又提出了一个新问题，我必须尽快找到正确答案。所以我常常见王先生为此而‘开夜车’，有时一开就是一个通宵……”

那是“山雨欲来风满楼”的岁月，对毛泽东和周恩来等中国领导人来说，国际国内的种种压力仿佛每时每刻都会像“阵阵黑云”袭来。王淦昌从总理的急切之心中感受到了所肩负的重任。

从后来那些已经解密的档案资料上我们知道，毛泽东、党中央为了实现我国独立自主地“搞点原子弹”，在王淦昌回国之前就抓紧开始投入了“596 工程”的建设。当时兵分两路，一路是由李觉将军带领万名官兵开赴青藏高原的金银滩草原进行未来原子弹试制基地的建设；另一路就是在北京西郊的那个“灰楼”里开展技术研制工作。后者由钱三强领头，下面是技术负责“三巨头”的王淦昌、彭桓武、郭永怀，分别担任核试验研究、理论研究和设计研究的领导组织工作。

然而原子弹到底怎样才能研制出来？当时中国虽然有钱三强、王淦昌、彭桓武、郭永怀等著名物理学家以及朱光亚、邓稼先、周光召等中坚力量，但毕竟过去谁都没有直接接触过原子弹以及研制工作，从何处着手呢？

原子弹研制就像要进行一场战争，需要多方面全力配合协作，还要有巨大的物质条件保障。一次，毛泽东找来钱三强，认认真真地听了钱教授的一番话后，大手一挥，对钱三强说：“放心，这件事中央会通盘考虑的。只要研制工作需要，其他部门必须全力支持。”由中央出面，人、财、物肯定是不成问题的，关键的关键还是原子弹的研制技术。而技术工作的核心部门就在李觉将军担任院长、王淦昌担任第一副院长，以及彭桓武、郭永怀领导的二机部（核工业部）的“九院”等三大部门。

“我从不迷信。既然外国人能造出原子弹来，我们中国人并不笨，也一定行。问题的关键，是我们要有严谨的科学态度、求实的工作作风和不怕牺牲的献身精神。”王淦昌经常这样向他的那些“技术将领”和研制工作者灌输。由于研制原子弹涉及的知识与理论太多，好多新参与进来的同志都得加强理论基础学习，技术骨干也同样存在再学习和打基础的必要，因此在研制初期，王淦昌不仅一方面要抓紧时间完成好毛泽东和党中央交给的“在五六年时间内搞出原子弹”的艰巨任务，同时还得利用一切时间为参与研制工作的同志们“开小灶充电”。

“王先生在工作中是最讲效率的，谁拖延工作就得挨他训。有一次他让理论部主任邓稼先完成一项计划，邓稼先晚了一天，被王淦昌狠狠地批了一通。”朱光亚同志曾提到当年王老批“娃娃博士”的趣闻。邓稼先后来在研制两弹中起了重要作用，是“两弹元勋”之一。那时邓稼先和周光召等人都是王淦昌手下的干将，所以王淦昌对他们的要求自然格外严格。

“你们想想看：在第二次世界大战中，美国人在广岛和长崎投的原子弹，为什么几乎所有重要的建筑物都倒了，而一些烟囱却好端端地挺立在那儿？想一想，这是很有趣也很有学问的事。”中国的原子弹研制离不开对国外原子弹研制过程的研究与比照。王淦昌常常把自己已经弄清楚或尚未弄清楚的问题交给大家讨论，而每一次讨论就是对研制原子弹工作的一次推进。

原子弹的核爆炸威力之巨大，可以摧毁一座城市与区域。在这复杂而巨大的爆炸过程中，王淦昌需要回答一切必须回答的问题，同时还要与实验的结果相符。为了弄清这些高难度的问题，王淦昌会几天甚至几个月不能静下心来。

“走，今天太累了，你带我到王府井转转。”王淦昌往车里一坐。许久，司机毫无反应。他火了，“怎么回事？我的话没听到？”

“王先生，对不起。您的话我都听到了，但我不能带您去。”

司机一脸委屈。

“为什么？”王淦昌一脸茫然。

“这是中央给您定的纪律。王府井那儿有不少日本人，您一露面，说不准有人认出您来，所以我们不能去……”

“哟，我把这事给忘了。”王淦昌回过神来，连忙给司机作揖，“对不起，对不起。”说完，他无奈地瞅瞅四周，独自往“灰楼”旁边那块荒地走去……

核武器爆炸过程，实际是物理作用的过程。掌握它，还得回到核反应前的爆炸压缩过程。怎样掌握这个过程呢？

王淦昌的脚下突然被荆棘绊了两下，脑子里闪出一个伴他几十年科学实验的“宝贝玩意儿”——云雾室。没错，用云雾室照相可以获得 X 光照相的效果。

“小伙子们，今天请你们到我家去一趟。”第二天，王淦昌问后勤要来一辆车，然后叫上两名年轻同志跟他上了车。两个小伙子一听乐了，心想王先生是否又要请他们尝尝他家乡的阳澄湖大闸蟹。到了王家，这两个小伙子知道“上当了”：原来，王淦昌让他们从床底下拉出一大堆“古董”来。

“小心小心，这是从美国带回来的，是我的心肝宝贝呀！”看着王淦昌轻手轻脚，小伙子们也只好卖力起来。

“嘿嘿。下回我一定请你们吃大闸蟹，正宗阳澄湖的。”大科学家一说起家乡的事，就仿佛年轻了好几十岁。

王淦昌一头扎在他利用云雾室拍摄 γ 射线的艰苦工作中。那时我们的许多基础技术非常落后，整个原子弹研制工作中只有几台很低级的计算机，而且包括像王淦昌这样的大科学家也大多不会使用计算机技术。因此那台被中科院负责人张劲夫同志称为“有了”的计算机分给了核物理学理论家周光召他们。中国的第一台计算机诞生于1958年，当时是电子管的，一秒钟才运算几十次。后来为了给研制核武器用，又在1959年生产了第二台计算机，晶体管的，比起第一台计算机不知强了多少倍，但即使这样一台计算机，在今天连小学生都会嫌它配置太低，因为它的运算能力到不了“286”的水平。我们的前辈太了不起了，他们用最低级的技术条件进行着最尖端的科学研制。王淦昌是个“计算机糊涂”——他一辈子就没入计算机的门，所有最繁杂的计算都是靠笔头功夫。当时利用云雾室进行γ射线的拍摄就更不可能用计算机技术了，只能靠手工一张张地拍摄，那云雾室本来就屁股那么大一点点地方，黑咕隆咚的整天钻在里面能不难受吗？再加上γ射线的拍摄过程不是普通的照相，γ射线本身就是有放射性的。一天，一位年轻同志干着干着就没个姿势了，王淦昌一看就来火了：“像你这样怎么能照上什么东西嘛？胆小鬼，走开！”说着，他自己动手，一干一整天。当他完成一批拍摄任务后走出云雾室时，才似乎发现了“一个不小的问题”，“嗯，小青年跑哪儿去了？哟，是我把他训跑的。得，赶紧向他赔礼道歉去！”

“囡囡同志，对不起哟，昨天是我的错，脾气太大、太急，向你道歉。”王淦昌找到那个年轻人，毕恭毕敬地说。王淦昌是原子弹研制中资格最老的大科学家，能如此平易近人，谁还能计较什么！年轻人臊得无地自容："王先生您千万别这样，是我的错，是我工作不认真……"

王淦昌欣慰地笑了，拍着小青年的肩膀，语重心长道："你不是一直想知道我当年在苏联杜布纳工作时怎么发现负超子的吗？其实没什么秘密，就是靠我们几位同志不辞辛苦夜以继日地拍摄片子，然后再夜以继日地一张张检查片子，中间不能有一点点差错。最后我们真的成功了。科学工作就是这样，要有不怕苦坚持到底的作风，才能出成果。"

"我一定听您的，王先生。"

在世界核武器史上，几乎每一次成功的研制就像发动了一场规模巨大的战争。当年美国人在进行研制原子弹的"曼哈顿工程"时，动员了 75 万人参与。苏联的原子弹研制工程一直由 30 万至 40 万人组成的一支"秘密部队"和同样人数的几十个特殊部门参与，并且坚持了近二十年时间。中国有多少人参与了原子弹试验？我从已经"透秘"的几本书中看到有六位数以上的人参加。其实这仅仅还只是在第一线的人马，至于那些配合"596 工程"的后备军就不知其数了。王淦昌和钱三强、彭桓武、邓稼先、朱光亚、周光召是整个核研制的总导演。他们不仅要统领全盘棋，更重要的是要攻克技术难关。1960 年至 1964 年，中国什么样？三年困难时期，共和国除了精神富有，其余都陷入了困难的境地。这段岁月对王淦昌等埋头攀登科学尖端技术的科学家来说，实在是最艰难的岁月，不可能有机会获得外界的先进技术资料与信息。美帝国主义国家早已封锁了我们陆地和空中的所有通道，我国连一些稍稍先进的技术与资料都不可能从正常渠道获得。

有一次王淦昌与周总理见面，他就直撞撞地请求道："总理，我真想请求能以我的真名出国访问。那样的话，我可以从不少朋友那里带回一些在他们看来是根本用不着的‘垃圾资料’和‘垃圾设备’。"

周恩来听后笑了："王先生，你只要一出去，即使捡垃圾，人家情报部门照样会把你抓起来。知道吗？自从你们几位著名科学家突然从日常生活中‘消失’后，好几次有外宾问我是怎么回事？问我们是不是也在进行‘曼哈顿工程’？我只能用外交辞令告诉他们，‘王淦昌等先生做着他们所一直从事的专业，很忙，所以不大露面嘛。’你要是往国外一跑，那帝国主义的情报机构可是巴不得呢！"

关于中国科学家是怎样在完全被人封锁的条件下研制出了原子弹等核武器一事的秘密，几十年来一直是西方世界为之不解的一个谜团，也是西方敌对分子经常攻击我们的一大“嚼舌根”的事。直到今天，当北约野蛮轰炸南斯拉夫，悍然袭击我国驻南斯拉夫使馆事件发生后，美国人一方面狡辩，一方面又无中生有地炮制了一个《考克斯报告》。这个报告中谎称我国在20世纪60年代就“窃取”他们的核情报，并且煞有介事地说到了我们的“情报部门”特别窃取了他们的“激光模拟核爆炸”技术。这种毫无根据的捏造，立即受到了中国政府的反击。国务院新闻办公室主任赵启正 1999 年 5 月 31 日针对美国的谎言，在记者招待会上严正指出：《考克斯报告》荒唐可笑。我这里顺便告诉大家一个事实：“《考克斯报告》中提到的激光模拟核爆炸，本来依据的是中国科学家王淦昌先生 1964 年得出的激光惯性约束核聚变理论，中国从来没说其他国家使用这一思想是窃取。中国核武器是独立自主开始研制的……”这段话很明确地表达了一个事实：中国的核武器研制理论与技术，都是由我国科学家自己研究出来的，而且有些技术如王淦昌的激光惯性约束核聚变理论不仅是我们中国自己研究核武器技术的宝贵财富，同时还被外国核试验广为运用。

我完全相信王淦昌先生如果多活一年，一定会在美国人炮制《考克斯报告》后立即站出来反驳。好在王淦昌的“惯性约束聚变的创始人”的地位在国际上早已确定。王淦昌的学生、中国科学院院士王乃彦先生在十三年前为祝贺王淦昌先生八十寿辰时写的一篇文章中专门作了这方面的介绍：“早在 20 世纪 60 年代初，王淦昌先生就意识到惯性约束核聚变研究在军事和核能开发中的重要意义。他和苏联巴索夫院士几乎同时独立地提出了利用激光打靶产生核聚变的设想。在他倡导下，经国务院同意，开始筹建中国科学院上海光学精密机械研究所的激光聚变研究工作。60 年代中期，他又敏锐地注意到国际上刚刚开始发展的强流电子脉冲加速器在科学研究上的重要意义和巨大潜力。当时国际上的加速器的电子能量只有 1M~2MeV，脉冲电流为几万安培，脉冲宽度约为 100ns（纳秒）。就在这种强流脉冲电子束加速器发展的幼年时期，王淦昌高瞻远瞩地指出：这种加速器将提供一种极高强度的脉冲中子源、γ 射线源和 X 射线源，在军事研究、聚变研究、泵浦气体激光和分离同位素方面都将有广泛的应用前景和发展前途。为了推动这一学科在中国的发展，王淦昌先生积极地向部领导宣传解释开展这一工作的重要意义。在他直接主持和领导下，核工业部门还专门向国家提交了开展功率脉冲技术和建造这种类型的加速器的报告。王淦昌教授为了促进这门学科的发展，到处大声疾呼，遇到有关领导就进行宣传，说明工作的意义。与此同时，他还亲自领导这些装置的设计和调试工作，并和同志们一起做实验，研究解决工作中出现的问题。国内已建成的一些较大型的这种加速器装置，都是与他的辛勤劳动及大力支持分不开的。由于他的努力，我国在这一科研领域中起步得比较早，而且现在已经建立了在国际上具有一定水平的实验装置，培养了自己的科研队伍。目前，世界上强流脉冲粒子束加速器的粒子能量已达到十几兆电子伏特，脉冲电流已达几兆安培，脉冲时间宽度为几十纳秒，在军事、科研和工业方面早已有了广泛的应用，充分证实了王淦昌教授的科学预见。他不愧是我国激光聚变和粒子束聚变的创始人和奠基人，并被载入世界惯性约束聚变的史册。”王乃彦院士也是中国核物理学界的一位重要人物，他跟随王淦昌先生从事激光惯性约束核聚变研究几十年，如今是中国继王淦昌之后这方面的课题带头人。

王乃彦对王淦昌在20世纪60年代就提出在核试制中用“激光打靶”（“激光模拟核爆炸”的口语）印象极其深刻，至今还流传下了“十八名勇士”参战的故事，那时王淦昌听说日本大阪大学激光工程研究所的粒子束聚变研究小组曾提出：强流电子束靶物质上的能量沉积，由于束流和靶中等离子体相互作用的双流不稳定性，导致能量沉积值可以比经典的电子能量沉积值增强一百倍。这是一项相当引人注意的结论。为了尽快证实日本人的这一实验结果，王淦昌立即提出必须用最快的速度，我们自己建立一台1MeV、80kA、70ns的强流脉冲电子加速器，并迅速开展工作。王淦昌提出这一建议后，他的手下立即有十八名研究生和科技人员报名参加，于是就成立了以王淦昌为核心的“十八名勇士”的“粒子束惯性约束核聚变研究攻关组”。“为了实现王淦昌教授提出的两年内组成加速器的目的，当时从国外订购相关的设备是不可能的事，即使在国内订购必需的高压电容器也显然来不及。怎么办？只能自己动手改装。我们建议用西安电容器厂生产的MY-540电容器改装成“100kV 0.7μF”的电容器。王淦昌教授对此非常赞成，我们因此赢得了一年多的宝贵时间。于是我们立即又和北京电力电容器厂联系，由我们进行改装设计，他们厂负责改装工艺操作。后来由于对方发现原MY-540电容器中所用的绝缘油含有毒性较大的三氯联苯，感到为难。于是全部担子都落在了我们自己身上……按照王淦昌的要求，我们采取了必要的安全保护措施……整整奋战两个星期才完成了这项工作。王淦昌教授对我们‘十八名勇士’的忘我工作热情感到自豪和高兴，他常对我们说：‘中国的条件差些，但并不意味着我们因此不能搞出比别人更先进的科学技术。在物理科学上，常常作出领先成果的不是拥有实验设备如何先进的地方，而是那些最敢于想问题又善于不懈努力、刻苦工作的人。’王教授的话对我们年轻人影响极大，正是在他的精神激励下，我们才在核试验的许多关键问题上创造了独到的技术与理论，并一直在同领域里领先于别人。”

1982 年，美国海军实验室粒子束聚变研究室负责人库珀斯坦博士在中国参观了中国同行的实验室，在听取了王淦昌先生等中国科学家在加速器的物理和工程设计方面所做的工作，以及在实验现场观看了中国电子束打靶的结果后，称赞中国的加速器物理设计考虑得比较周到细致，把计算机的模拟计算方法也用于了加速器的设计上面。库珀斯坦特别指出，美国虽然也建造了许多台比中国规模大的加速器，但在物理设计方面所做的分析和计算不如中国全面和深刻。

王淦昌对自己在激光惯性约束核聚变方面的科学成就也情有独钟。1992 年 5 月 31 日，在北京钓鱼台国宾馆举行的中国当代物理学家联谊会上，王淦昌的学生、诺贝尔奖获得者李政道在他的导师发言之前问道：“王老师，在您所从事的众多科学研究中，您认为哪一项是您最为满意的？”

获得世界上最高科学奖的学生向没有获得诺贝尔奖的老

师问这么个问题，顿时引起了全场的关注，几乎所有的人都把目光投向了王淦昌。其实会场上很多人心里帮着他们尊敬的王淦昌先生回答了：“还用问，成功地研制了中国自己的原子弹和氢弹呗！”但是错了。只见王淦昌的脸上习惯地露了一下那孩童般的笑容，然后一字一句地说道：“我自己对我在 1964 年提出的激光引发氘核出中子的想法比较满意，因为这在当时是个全新的概念，而且这种想法引出了后来成为惯性约束核聚变的重要科研题目，这个科研题目一旦得到实现，人类将彻底解决能源问题。”

话音刚落，李政道等科学大师们带头热烈鼓掌。是的，因为大家心里清楚，王淦昌作为中国“两弹元勋”之一，他的一生中最辉煌的和对中国作出特别贡献的，无疑是领导和参与了原子弹和氢弹的成功研制；而作为杰出的物理学家，他早年在柏林大学提出的用云雾室发现中子的建议，抗日战争时在浙江大学又提出了中微子实验方案，以及在苏联杜布纳研究所里发现反西格马负超子等划时代意义的成就，都可以归为“满意”的科学研究工作。1998 年夏季的一天，王淦昌曾经说过，我一生重要的科学工作并没什么，对一名科学家来说，追求新的发明创造与新的发现才是真本事。王淦昌毕竟是位真正意义上的大科学家，他把研制人类的一种最强有力的武器及几项有可能获得最高科学奖的发现和发明并没有放在“最满意”的工作成就之列。仅此，我们也足以见识一位科学大师宽阔、深远与慈善的胸怀。

王淦昌自己讲的激光引发氘核出中子的想法，最早源于1934年世界上第一台高能加速器投入使用后不久，便实现了氘的聚变反应，四年之后科学家又实现了铀的裂变。尽管科学家们在裂变能源的发展方面超乎寻常的顺利，但聚变能源的探索却格外艰辛与曲折。就像一个彩色的谜，它既令许多有功利思想的科学家们想入非非，又使得那些脚踏实地的科学家们无所适从。因为这一课题太伟大了。正如王淦昌说的，这个科研课题一旦被攻克，人类的能源问题将彻底被解决。这个贡献绝对比任何一项诺贝尔奖和任何一种核爆炸更荣耀、威力更大。

1952年，世界上第一例利用惯性约束的方式成功地进行了氢弹试验。但之后的科学家们试图用受控热核聚变来解决人类能源问题的努力都没有任何实质性的进展。20世纪50年代末和60年代初，是世界上激光诞生的黄金岁月。而这段时间的王淦昌正在苏联杜布纳研究所，后来回国后又投身到了秘密的原子弹研制工作中去。有一日，上海复旦大学的谢希德教授见到了王淦昌：“王先生，您最近关注过激光吗？听说这种东西在国际科学界成了热门话题。”王淦昌先是一愣，然后又异常敏感地反问道：“激光？我怎么不清楚？”谢教授这一问，使正在专注研制原子弹的王淦昌意外地萌发了一个想法：“激光不是具有强度特别大、方向性好、单色性好和相干性好的四大特点吗，尤其是前两种，如果把激光和核物理两者结合起来，应该可以发现很有趣的现象！”于是不久，王淦昌便想出了激光打击氘化铀靶产生中子的想法，而这实际上就是用“激光打靶”实现惯性约束核聚变的科学概念的雏形。

王淦昌的这一“奇想”是在1964年初萌发的，也正是前方原子弹研制的最紧要关头，手头的要紧事太多，关于激光惯性约束核聚变的事不得不放一下。1964年12月，当我国第一颗原子弹爆炸成功后，王淦昌等有功人员纷纷被毛泽东请到第三届全国人大代表会议上。有一天小组讨论，王淦昌回单位取资料，说巧也巧，中科院上海光机所的邓锡铭副研究员瞅见了匆匆而过的王淦昌，便一声“王老师”把他叫住了。

“哎，小邓呀！你最近在做什么？”王淦昌到过上海光机所几次，知道邓锡铭这位年轻有为的光机专家。

“我们刚刚进行了一次钕玻璃激光器试验，发现在激光束的聚焦点上，空气被击穿后光轴上出现了一连串火球。我们不知道那是什么现象，正想请您帮着解释呢？”

“真的？”王淦昌一听惊讶地叫起来，“这是个新奇问题。太有趣了！来来，我们坐下来谈。”王淦昌随手把手中的一份报纸往旁边的一个石阶上一放，自己先往上一坐，随即招呼小邓，“你知道吗，我最近正在设想用激光束打击靶子的实验方法，如果这个办法在实验中成功，热核聚变问题将得到解决，那将是非常可喜的一件事！”

“王老师，请您把这个任务交给我吧，我们一定按照您的要求完成好。”邓锡铭听后特别激动。

王淦昌看了看他，信任地点点头：“你晚上到我办公室，我把已经写好的一份论文稿给你看，它会帮助你指导实验的。”当晚，邓锡铭从王淦昌手中拿到了一份二十页的论文稿。几天后，邓锡铭把王淦昌的建议直接向时任中国科学院党组书记、副院长的张劲夫同志作了汇报。“王淦昌先生的建议可是件大事呀，咱们得抓紧办！”张劲夫同志当即表示赞同。中国的激光惯性约束核聚变工作便迅速得到了重视和开展，而此时的美、英、法、德、日等国还没有想到此事呢！

次年，邓锡铭等人在王淦昌的指导下，利用一个四级平面波放大钕玻璃激光系统产生的激光束照射平面靶获得成功。这可以说是世界上完完全全的第一例实验成果。

“王老师，我们的实验有结果了！我给您带实验报告来了！”这天，正在“灰楼”进行核弹紧张测试工作的王淦昌突然接到邓锡铭的电话。他忍不住丢下手中的急活，说：“今晚你在宾馆等我。啊，什么地方都不要去。”

邓锡铭想说一声“还是我去见您”，王淦昌电话已经挂了。“那是个异常寒冷的冬日。当时王淦昌先生已经年近花甲，但他依旧蹬着自行车从中关村来到友谊宾馆。外面下着雪，他进门时浑身上下都被雪水淋湿了。让我好感动。”邓锡铭在几十年后回忆与王淦昌共同战斗的岁月，历历在目。“我们在王淦昌先生的指导下，利用我出差住的友谊宾馆为基地，召集了当时激光惯性约束核聚变的几位研究人员，开了几天专业座谈会。白天王淦昌先生很忙，我们只能利用晚上的时间。那段时间也怪，天天下雪下雨，特别寒冷，但王先生天天晚上自个儿蹬着自行车跑到宾馆来，这对我们这些年轻人教育极深。根据王先生的建议和意见，我们很快将激光惯性约束核聚变的打靶试验不断由实验性转向应用性方向发展，并在短时间内取得了可喜的进步。”

然而由于体制上的分离，上海光机所的激光打靶实验受技术与条件设备的影响，王淦昌得知后立即提出与他所在的二机部九院（核武器研究院）进行合作,并一针见血地指出“合则成，分则败”，“中国的科学研究条件达不到西方世界，因此我们就要学瞎子背瘸子的办法来实现自己的目标。在激光聚变方面的实验也是这样，将来我们可能不及人家的多和快，但技术上我们要超过人家，特别是牌子上我们要有自己的特色，那就是‘中国牌’！”而在这之前的漫长岁月里，王淦昌一边埋头于祖国的秘密核试验研究，一边始终不放松激光惯性约束核聚变的前沿科研工作。1980 年，在他和另一位著名光学专家王大珩的推动下，中国第一台大功率激光装置研制成功，并又经三年的运行调试和打靶实验，于 1987 年获得国家级鉴定，正式命名这个在国防和现代科研技术上有广泛用途的装置为“神光”。当时主管国防工作的聂荣臻元帅得知此事大喜，特意挥笔写信给王淦昌和王大珩：

在建军六十周年的喜庆日子里，感谢你们又告诉我一个喜讯：激光核聚变实验装置已经建成。这对我国国防和经济建设都具有重要意义，很值得祝贺。整个工程体现了自力更生和勤俭节约的原则，更值得赞扬。你们和许多同志多年来为祖国的科技事业的发展，为国防力量的增强，精勤不息，贡献殊多。现在又在高技术领域带头拼搏，喜讯频传，令人高兴。请转达我对同志们的敬意和祝贺！

王淦昌在激光惯性约束核聚变上的研究一直到他去世前从未间断过。在他的建议下，这项工作还列入了国家高技术研究发展计划（“863”计划）的前沿项目之中，全国上下有1000多名科研人员从事这个领域的研究与实验工作。这些都是后话。

让我们还是回到当年王淦昌他们进行原子弹等核武器研制的惊心动魄的秘密历程吧。

“咚——！”“咚咚——！”

不知从什么时候开始，在河北怀来县的燕山脚下，周围的百姓突然每天都能听到这阵阵震耳欲聋的爆炸声。随着隆隆爆炸声，总有一条“火龙”带着长长的尾巴窜出古长城，直刺天际……直到20世纪80年代，这里的百姓才知道，原来当年一声声奇怪的爆炸声和一条条“火龙”，都是科学家们为了进行原子弹试验的“小爆试验”。燕山脚下的这块当年的神秘爆炸地就是中国核试验历史上有名的“十七号工地”。

王淦昌和他的手下曾在这里前后进行了数年的几千次核小爆试验。今天当我们从历史的镜头中看到原子弹那巨大杀伤力时，很难想象得出最初的核爆炸竟与“囡囡玩爆竹”（王淦昌语）没啥两样。但研究原子弹的专家们知道，要成功进行杀伤力巨大的核爆炸之前，这种不装核材料的“冷爆炸”必不可少，而且是极其重要的。在神秘的“十七号工地”上，王淦昌指挥着中国核试验前的一系列土法“冷爆炸”。“我们开始什么都不懂，就知道按王淦昌先生他们提出的方案在沙丘上一次次地刨坑、装炸药，然后引爆……粗一看也看不出那是什么伟大的核试验，就跟我们打日本鬼子、跟蒋介石国民党军队干仗差不了多少。”一位参加引爆工程的老战士这么说道。其实，这些看起来很土的爆炸试验，只有科学家们心里明白这到底是为了什么。

当时，负责核心技术的科学家们进行着两大系统方面的决战：一是原子弹的整体理论设计；二是王淦昌他们的实际爆炸试验。“十七号工地”是完成后一项任务。统率这支“爆炸队伍”的除王淦昌外，还有郭永怀、程开甲、陈能宽和苏耀光等人，都是实验物理学、炸药学、爆轰学、电子学方面的权威人物。在他们手下，有方正知、钱晋、任益民、陈常宜、刘长禄、林传骝、孙维昌等数十位有专长的年轻人，组成两个小组进行操作性的爆炸工作。工作条件的艰苦程度难以想象。大家都吃住在帐篷里，工地又正好在风沙口上，有时一顿饭会遇上几次风刮沙，一碗饭里半碗是沙。可小伙子们谁都没怨言。为啥？一方面他们知道这是在为国家从事一项最光荣和了不起的事业，一方面像王淦昌这样的大科学家与他们同吃同住，甚至有时比他们过得还要艰苦，自己还说什么？

然而核试验毕竟不是“囡囡玩爆竹”，特别是原子弹爆炸试验中一个关键性的技术就是怎么实现炸药的内爆问题，即如何使外层高能炸药爆轰后所产生的冲击波符合内爆的要求。这中间会涉及流体动力学等其他学科，王淦昌是实验物理的高手，但流体动力学等毕竟不是专长。作为总技术负责人，他必须对每一门所涉及的技术足够熟悉且有极强的运用能力。

“王先生，今天我们的爆炸试验比前几次有了大的进步，但似乎仍不能达到特别的效果，我以为由于内爆的时间差的要求极高，必须制造出一种平面波和曲面波发生器，这样才可能使内爆的时间差得到相应控制和把握。”

对于助手们提出的问题王淦昌认真地思索着，这个问题使他接连几天一刻都没有停止过分析和思考。“啊，有了，我们可以采用‘炸药透镜法’，即高低爆速法。简单地说，就是用高低爆速炸药透镜把发散的球面爆轰波高速为平面波，再使爆轰波从平面变成曲面。你们看……”王淦昌拿过一支笔，随手就在一张纸上画了起来。

“哎，圆乎乎的，真像个‘胖子’。”不知谁说了一句，惹得大伙都凑到王淦昌跟前，“这不，还真像个胖子哩！”

“嘿嘿。有趣，是有点像。”王淦昌又一次露出天真的笑容，说：“那就叫它‘胖子’吧！”

其实，像这样在一个个试验中创立的新技术、新方法，后来连王淦昌自己都记不清到底有多少了。原子弹太复杂，从像孩子那样捏泥团到将几十吨的庞然大物送入高空成功爆炸，王淦昌和无数科学家所付出的艰辛和探索不计其数。

“王先生，十七号的实验进展如何？能不能跟上前方需要？”

1963年初的一天，王淦昌再次被周恩来请进西花厅。

“报告总理，我们刚刚完成一次微缩原子弹模型爆炸试验。一切正常。”王淦昌习惯地拍拍身上的尘埃，用科学家的准确语言向周恩来报告。

“好，太好了。看来我们有希望按照毛主席要求的时间完成原子弹的成功试验嘛！”周恩来兴奋地握住王淦昌的手，“下一步看来又得让你更辛苦了。中央已经正式决定，你们在十七号工地上的试验要搬到西边去了……”

王淦昌听了很激动，他明白周恩来所说的“西边”，就是原子弹的引爆地——他和千千万万参与原子弹研制的科学家们向往的地方——罗布泊。

“老太婆，快帮我把衣服准备好，要带些棉的。”王淦昌回到家里，便冲着正在为孩子们准备饭菜的夫人嚷嚷道。

“天都热了，你要带棉的干啥呀？”夫人一边忙着自己手头的活儿，一边不解地回头问王淦昌。

“这次我要去西边。那儿天凉嘛！”

“西边！西边是啥地方？大姑娘、二姑娘和遵明都说今年要回家看看，你不是说好在家等他们吗？怎么说话老不算数！

没见几个囡都对你意见大着呢！”夫人吴月琴心里有气这是自然的。因为在她的生活中，她这一辈子似乎嫁给了一个只知道在外跑而连家都极少待得住的丈夫。刚进王家门那几年，当时仅 17 岁的她，稀里糊涂地嫁给了还是“学生囡囡”的王淦昌，一守就是好几年空房。先是他上清华大学，后又到德国留学，这一晃前后就是六七年，可她却在这期间由一名小媳妇变成了孩子的母亲。叫吴月琴哭笑不得的是，她的有博士文凭的丈夫留洋回家一看到自己的孩子抢着叫他“爸爸”时，竟然躲在一边满脸的不好意思！吴月琴出生在乡下一个小地主家庭，与其他农家姑娘没有啥不同，不折不扣地按照旧式家庭的要求做着一个贤惠妻子应该做的一切。与别人家小媳妇不同的是，她的丈夫是个有大学问的教授，而且会定期给她和孩子们寄钱。这使得她心里感到有种超越于别的女人的优势。她因此也就任劳任怨地把家里所有的活儿全包在了身上。都说南方的女人能干，可吴月琴不干行吗？丈夫一年四季没几天在家，即使回家也等于多了个连喝茶端碗都得伺候的“少爷公子”。后来孩子大了，对他们的妈说：“爸的毛病都是你给惯出来的，你要不给他泡茶看他渴了怎么办？”吴月琴偷着笑了，心想你们知道啥？你们爸是有学问的人，在外面教书做事都是用脑，回家还不让他静静心？

“你到底去什么地方呀？”吴月琴有些急了。

王淦昌随口说：“西安。到西安去。”其实这是王淦昌瞎编的，因为铁的纪律不允许他把实情告诉家人，多少年来王淦昌一直对自己从事的工作守口如瓶，就连在夫人吴月琴及子女面前他也从未透露过一个字。

这是纪律，铁一般的纪律。

临出家门时王淦昌像往常一样，觉得自己欠了妻子和孩子很多，可他又似乎习惯了，而且把这个“欠”字看得一点也不重（他子女的话）。

王淦昌女儿说：“年长后的父亲有时坐下来在我们几个儿女面前叹气说，咱们家的后代没出一个杰出的人。他一说这话就立即受到了我们几个子女的反击。我们告诉他，我们家也不像别人家那样有一个像你这样的父亲呀！老爷子一听，问这是什么意思？我们告诉他，就是说你也没有一点做父亲的样。父亲一生是个天真的人，他听了我们的话愣了半晌，很不服气地说，我怎么不像父亲嘛！我一直做得很不错嘛，虽然我知道在外面时间待得长，可那是工作，是国家交给我的极其重要的工作呀。我们对他说，我们知道你是在为国家做重要工作，可你还是个父亲，还要对家庭和子女负责！你这方面做好了吗？老爷子听后就沉默不言了。有时对我们的话还特别生气。不过隔了几天后他见了我们又露出一副很天真的口吻说：‘嘿嘿，真有趣，看来我在家里对物理现象的对称性做得太差，实在太差了！’这就是我们的父亲。一个把一生心思全部扑在事业和国家利益上的科学家。”

在王淦昌子女印象中，父亲不是出国就是出差，一年到头没几天能见到他。王淦昌小女儿说：“他还挺厉害，我们小的时候，他动不动就打我们。我们见了他很害怕。其实我们知道父亲很忙，毕竟我们那时并不知道父亲是在为国家搞原子弹等核武器，就知道父亲平时很忙，可在我们上学读书等问题上关心甚少呀。我们的母亲是个旧式妇女，文化不高，怎么可能帮助我们的学业呢。父亲不是大学问家嘛，怎么就不能像别的家长一样抽点时间辅导辅导我们呢！特别是在考大学等关键时刻，我们多么渴望父亲能在身边帮我们一把，哪怕是站在我们身边鼓鼓劲也是好的，可父亲没有那么做。他不是几年不着家，就是进了家门也是一个人关在屋里忙他自己的事。而且一回家我们还得跟着母亲为他准备这准备那的！最让我们接受不了的是，在我们五个兄弟姐妹结婚时，当父亲的他竟然没有一次在我们的婚礼上出现过，我们能对他没有意见吗？唉，我们的父亲真是一生从不知家是个什么概念！其实这也不能怪他，因为在我的大哥大姐出生以后，父亲其实还是个孩子，还是个学生。家的概念和当父亲包括当丈夫是怎么回事，他自己都不清楚。从德国留学回来后紧接着是抗战时期，那段时间是父亲和我们全家一起生活得最长的日子，可那时是战乱，我们跟着父亲随浙江大学迁移了多次。国难当头时，父亲一方面坚持给学生上课，一方面以极大精力投入了他一生中非常重要的科研工作……新中国成立后，父亲上调中科院工作的前几年，我们全家还在杭州，等全家后来搬到北京没多少日子他又经常出国访问。1956年他又受中央派遣到了苏联杜布纳研究所，一去又是四年。1960 年回国后，父亲马上投身到原子弹研制中，那几年别说一年见不了他几次，国家让他隐姓埋名，连真名都不能用，本来就不管家的父亲还能对家和我们几个子女做些什么呢？唉,父亲就这样度过了他的六七十年。等‘两弹’成功后，他老人家又承担着原子能研究的领导工作，当他在 80 多岁时退居二线，有时间真正回家与我们一起生活时，他发现他不仅当上了爷爷，还当上了太爷爷……父亲曾感慨地说，这辈子他没有真正体味到当一个完整的父亲和完整的丈夫是个什么样。他说他一辈子都献给了教育别人的后代和国家的科学事业了。”

王淦昌的女儿其实并不太了解父亲的为人，在核试验的千军万马中，他是最有人缘的大科学家，与他一起工作过的年轻人都说：“王老先生是个大好人。”几乎在王淦昌手下当过学生和助手的人都能回忆起几件难忘的事，无论是获得诺贝尔奖的李政道和同样排在中国“两弹元勋”之列的朱光亚、周光召、邓稼先这样的杰出科学家，还是曾经担任过王淦昌秘书、司机一类的普通工作人员，许多人异口同声地告诉我：“王先生对我们的帮助，绝不仅仅在事业和学术上，他平常对大家的体贴关心的程度胜过对他自己。”

曾经有人说过这样的话：“与原子弹打交道的人，每天都在与死神拥抱。”这是说由于核物质很多是属于放射性的，做实验和研究的工作人员确实难免会患上各种恶性疾病，比如从事过核工作的人患癌症的比例就相当高。英年早逝的邓稼先便是一例。其实为了祖国的核事业而献身的，又何止邓稼先一个？在中国核研制工作中与邓稼先齐名的丁大钊院士，也由于长期从事核物理研究工作劳累导致了肾功能严重衰退。王淦昌得知后比丁大钊还着急，那时王淦昌自己快 80 岁高龄了，为了丁大钊的病东奔西走，亲自给彭真、张爱萍写信求助，还特意找到人大常委会副委员长王汉斌同志，直到盯着中央决定批准给丁大钊进行换肾手术。事后有人说丁大钊的命是导师王淦昌给争来的，王淦昌听后说：“我和祖国已经失去邓稼先这样的好同志，不能再让另一位杰出科学家英年早逝了。”

跟随王淦昌进行核科研的同志们还记得这样一件事：当年王淦昌先生在进行激光惯性约束核聚变研究时，认识了上海光机研究所从事 X 光光谱工作的助理研究员小卢。那年小卢不幸也患了肝癌，而且是晚期。王淦昌闻讯后及时与上海光机所的领导通话，要求一定要想法全力抢救小卢。他后来出差到上海，办完事去的第一个地方就是小卢住的医院。生命垂危的小卢情绪波动很大，但他没有想到日理万机的王淦昌竟然亲自跑到医院来看望他。

“王先生，您能到我的病榻前站一站，我就感到自己这年轻轻的一生献身给祖国的核科学工作没吃亏……”小卢拉着王淦昌的手，泪流满面地说道。

王淦昌一面安慰小卢，一面找到医院领导，希望他们尽力抢救年轻科学工作者的生命。为了让小卢在生命的最后时刻感受到中国核物理同行们的关怀之情，王淦昌特意多留一些时间在医院，陪着他聊天，给他剥香蕉……在场的医生和护士都深受感动。

几天后，小卢离开了人世。弥留之际，他特意让家人拿来录音机，向他尊敬的王淦昌先生录了一段充满深情的告别话。王淦昌后来听了小卢用生命中最后一点力气说的话，长长地叹了声气说：“为了中国的强大，多少人在他们不该离别人世的时间走了，我们活着的人还有什么可怨言的呢？努力吧！”

“努力吧！”这就是王淦昌一生的座右铭。

虽然中国的第一颗原子弹试验成功爆炸距今已有六十年了，但只要一提起“王老头”，当年参加核试验的官兵和科研人员，可谓无人不晓。当时赴青海戈壁滩原子弹试验基地工作的数万人中，绝大部分都是年轻力壮的部队官兵。上年岁的都是些科技人员，数千人的科技队伍中，王淦昌是年龄最大的一个。第一颗原子弹爆炸成功时，王淦昌 57 岁，彭桓武、郭永怀 50 岁刚出头，王淦昌的部下邓稼先、周光召才 40 来岁。当第一次在试验场上听到有人叫他“王老头”时，王淦昌摸摸自己微秃的后脑勺，不无惊诧地叫了一声：“呀，我真的老了！”为了纪念自己为中国原子弹试验而献身的沧桑岁月，他拔下一根银丝，悄悄地藏在试验场的一道石窟里，然后逢人便说：“嘿嘿，真有趣，我都成老老头了！”“老老头”就是常熟话“老头”的意思，王淦昌的骨子里减不掉好多小时候的习惯，比如他的乡音。

其实在王淦昌的性格里，似乎很难找到他有什么值得一提的浪漫情调，书本、图纸、公式、实验，是他全部的生命内容和兴趣所在。从不张扬自己，从不挑剔别人，从不跟组织计较，在无形的生活空间正正规规地要求着自己，在枯燥乏味的公式里寻求和丰富着自己人生的乐趣，在奥妙无穷的科学世界里不断探求未知与发现新奇，这是他生命的全部特征。王淦昌一生活了91岁，组织上和他的学生多次为他祝过寿，但在所有的祝寿中，都比不上他在八十寿辰时那个热烈而隆重的场面。

那是1987年的事。王淦昌八十大寿的庆典筹备由中国科协、中国科学院和中国原子能科学研究院的一批中国资深科学家，以及参与“两弹”研制工作的王淦昌的好友与学生们一致主张和发起。但像王淦昌这样一位对国家和民族有着如此巨大贡献的杰出科学大师，没有“国家级”组织出面贺寿，似乎实在过意不去。

“怎么样，我们一起来给王老办个漂漂亮亮、热热闹闹的祝寿？”

“还用问？早等你老兄这句话了！”

中国原子能科学研究院、核工业部、中国科学院高能物理研究所、中国核学会的几位领导电话一商量，一场“私办”的祝寿会便变成了“官方”的。最后，私方、官方意见统一。

5月28日，北京的科学会堂里春意浓浓，笑语盈盈。一群群中外知名的科学界泰斗和学者，三三两两地兴冲冲步入会场。“寿星”王淦昌这天特意着一身浅灰色西服，系一条紫红色领带，鼻梁上架着黑边眼镜，让他显得格外神采奕奕，根本不像一个八十老翁。我是从后来的照片上看到当时“老寿星”形象的。那次参加祝寿会的大多是王淦昌从事科学工作时的学长、同事和挚友。他们是严济慈、周培源、赵忠尧、钱学森、钱三强、朱光亚、周光召和国防科委、二机部、核工业部的领导刘杰、蒋心雄、伍绍祖等，还有一位特别人士，他便是从美国专程赶来的王淦昌的学生李政道教授。

在由核工业部部长蒋心雄主持祝寿贺词前，王淦昌收到了一份异常珍贵和特别的礼物，其中有国防部部长张爱萍将军的亲笔贺寿诗：

草原戈壁苦战斗，
首次核弹凯歌奏。
科技园丁勤耕耘，
装点山河添锦绣。

王淦昌的家属告诉我，他生前特别欣赏这首贺诗，它常使王淦昌想起为国家和民族隐姓埋名的那些难忘岁月。

“无私奉献，以身许国。核弹先驱，后人楷模。”张劲夫同志也写了一副贺词，这十六个字恰如其分地评价了王淦昌一生的科学追求精神与辉煌事业。据说当时一听中国“两弹元勋”王淦昌要过八十寿辰，北京新闻界着实“疯”了一阵。科学会堂一下拥去了不少记者，他们特别想看一看“露出水面”

的大科学家的“生日”到底怎么个过法——此前，这些国家级“绝密人物”很少被允许对外宣传。但是，记者一进去便发现：这哪是什么热热闹闹的庆贺，科学会堂内，一片肃静，座无虚席的台下所有目光直盯着讲台——

“各位师长、领导、同事和朋友们，先生们，女士们：刚才听了大家的讲话，我内心感到非常惭愧。其实我的缺点很多。就学术上讲，我做事、研究都不深不透，其次是理论学得太少，远不如我的学生。我不熟悉电子学，更不懂计算机。这对我的科学研究工作是个很大的障碍。对‘少壮不努力，老大徒伤悲’这句古话，现在我体会更深。希望年轻人以我为借鉴，要比我做更多的工作，比我做得更好……”

如果不是事先有人指点台上讲话的人正是王淦昌先生，记者们不会相信一位名盛天下的科学大师竟然会在八十高寿的庆典上如此坦诚地在大庭广众前剖析自己的不足！

“下面，我向大家汇报最近一个时期，我和一些同志开展准分子激光研究工作的情况。我报告的题目是《准分子 KrF 和 XeF 强激光》……”

记者们见此情景恍然大悟：原来科学大师们过“生日”竟这么独特！

科学会堂的学术报告会结束后，以抗战时期浙江大学学生为主，一个专为王淦昌先生八十寿辰举行的冷餐会在北京理工大学进行。几乎在京的 20 世纪 40 年代的浙江大学物理、化学系的毕业生全部到齐。李政道要求作当晚的司仪，他的开场白使许多人掉下了眼泪，在场许多事业有成的科学家，当年就是在王淦昌导师的科学精神影响下才坚定地走了“科学救国，科学兴华”的道路，并在后来取得了卓越成就。

“最后我提议：我们这些在座的王淦昌先生的学生，应当像王先生一样，勤奋工作到老！”李政道端起杯子，第一个将酒一饮而尽。

“向王先生学习，多为国家做贡献！”已经是院士或在学术领域大名鼎鼎的王淦昌的学生们，齐声高喊。

“有趣有趣！让我一下想起了当年在贵州湄潭的日子……”这一夜，王淦昌满脸笑容，开心得像个老顽童。他给自己的学生们讲了一段“曾经的青春岁月”，并在最后说道：“有人把湄潭的浙江大学比作‘东方哈佛’，这不是没有道理。中国人并不比别人差什么，只要我们心里有理想，别的国家能有的奇迹，我们中国人会有更大的奇迹诞生。”

研制原子弹的工作紧张而艰苦。青海高原上的每一天都是一场生死战斗。50余岁的“王老头”，跟着一群年轻人天天滚打在恶劣无比的环境下，这也让王淦昌在原子弹试验场上有了无人可比的威望。

遵照中央的指示，王淦昌和同事们几年来日日夜夜盼望成功的原子弹爆炸试验就要进入最后阶段了。地址：罗布泊。

呵，罗布泊，“死亡之海”！在王淦昌心目中，罗布泊却是个“希望之海”“生命之海”。为了让亲手研究的“小太阳”在罗布泊诞生和燃烧，习惯用数字来演奏生命进行曲的王淦昌，时不时哼出几声“罗布泊，罗布泊，你是心中的太阳，梦中的维纳斯……”

为什么要选择罗布泊那样的“死亡之海”进行举世瞩目的原子弹爆炸试验？王淦昌对我近似天真的问话只是淡淡一笑，说那儿没人，炸起来不会伤着什么。说来也巧，世界上第一个成功试验原子弹的美国人，当年选择的试验地也是“死亡之海”。王淦昌对美国人搞的那个“曼哈顿工程”心里是清楚的，美国将军格罗夫斯为了让自己的国家在二战后成为称霸世界的头号国家，要求奥本海默领导的数十万研制人类第一个核武器的勇士们最先完成的就是能吃得起和经受得起“死亡之海”的苦。但这还不是主要的，主要的是科学家给研制核武器的决策者一个信息，即原子弹的威力有可能使某个地区在瞬间彻底毁灭，因而不可能在任何有人类生存与集结的地方进行试验。当然，把一种新的威力无比的科学实验放在一个保密的状态下进行也是最重要的考虑因素。美国人当年研制原子弹时并没有告诉外人，他们在他们的“死亡之海”——洛斯阿拉莫斯爆炸第一颗原子弹时发了一份公报，谎称是“一座装有大量烈性炸药和烟火的军火仓库发生了爆炸”，直到二十天后的 8 月 6 日广岛十几万人葬身火海，洛斯阿拉莫斯的原子弹试验场才不再成为是被封锁的绝密地方。

同样，中国也不例外。罗布泊的选择与保密是中国政府的最高机密，即使这样，美国还是先后派出了 U–2 侦察机通过台湾机场入侵我国领空，特别是对我国原子弹研制基地罗布泊地区进行侦察与骚扰。“把老美的‘黑猫小姐’给我打下来！”毛泽东火了，命令刚刚组建的导弹营干掉美国的 U-2 侦察机。那时中国的空军防空力量太薄弱了，庞大的领空只有一个导弹营，怎么打？中国人的拿手好戏是“游击战”，果不其然，1964 年 9 月 9 日，这个时间离原子弹正式试验的时间很近了，再不能让美国人操纵的侦察机在我“绝密地区”的上空横冲直撞了！空军导弹营营长岳振华在这一天立了大功，他和战友们一起“锁住”了再次潜入我国领空的 U-2 侦察机，以三发导弹击中了它。为此，毛泽东、朱德亲自接见了这位英雄的导弹营营长和导弹营全体官兵，在人民大会堂还召开了万人庆祝大会。

王淦昌离开夫人之后的心情非同寻常，因为他知道，中国的原子弹成功爆炸的时间不会太久了！

在之前不久中国共产党召开的一次全会上，根据毛泽东的建议，中国的原子弹试验将要加快速度，因为西方核武器威胁的气焰越来越盛，毛泽东受不了这口窝囊气。全会开完第二天，王淦昌被中南海的一个电话叫了去。

“王先生，主席的精神已经给你传达了。看来国际形势需要我们把‘596’计划往前赶。我知道这对你们来说担子就更重了,但这就是政治。政治是常常不以我们个人意志为转移的。今天请你来，一方面就是想听听你的意见，另一方面我们共同想些行之有效的办法。”总理说这话时，有意把自己的椅子往前挪动了一下。王淦昌顿时感到职责的神圣。

“请毛主席和总理放心，我们一定努力加快研制进度！”王淦昌知道作为一个科学家，必须服从国家的最高利益。

王淦昌就差急出病来。因为当时原子弹的爆炸试验已经基本完成，但对核爆炸的一些理论问题还有待认真地计算核验，然而事情恰恰在这方面进展极其缓慢。王淦昌是研究所三位副所长中主持全面工作的一位，因所长钱三强忙于国家的事务工作，所以，他肩膀上的担子更重了。

“这个事情不能老拖我们的后腿了！”王淦昌把彭桓武、郭永怀两位副所长和理论部主任邓稼先、副主任周光召叫在一起，共同研究主攻方向。

“老彭、老郭你们看看怎么办？”王淦昌问他的老伙计。

“初步结果我们已经有了，下一步的关键是论证。”邓稼先说。

彭桓武是直性子，说这是我们科学方面的事，就是上面不说什么，我们也要努力加速进展。

郭永怀表示完全同意。

“那么剩下的就看你们了！”王淦昌用期待的目光看了看他两位得力的助手邓稼先和周光召。

不用说，邓稼先和周光召本来就是研究所的超级数学天才，工作的认真和卖力自然不用多说。有一天，邓稼先刚从办公室出来,便遇上了王淦昌。“娃娃博士”是有名的技术尖子，平时研究所里的人对他恭敬三分，但“娃娃博士”唯独害怕比他年纪大一截、在学术上有世界影响的王淦昌。

“王先生，我又做错了什么呀？”邓稼先一见王淦昌两眼目不斜视地盯着他，心里发毛起来。同行的彭桓武也被王淦昌的怪模怪样搞糊涂了。

“头！为什么我们三个人的头都不一样呢？”王淦昌突然摸摸自己已显“光天化日”的脑袋问邓稼先和彭桓武。

邓稼先一愣，马上哈哈大笑起来：“王先生，您有大智若愚、大悟大彻的头，我等小辈怎能与您相提并论？”

王淦昌还在独自思索，嘿嘿自嘲：“不一样就是不一样！”说完，他才转入正题，“论证怎么样了？”

邓稼先顿了顿，说：“同志们夜以继日，估计能在预定的时间里完成，但大家已经感到有些顶不住了，好几个人的腿都出现了浮肿……”

“别说你们这些年轻人，你看王先生的腿也早已出现浮肿了。这不，他上午还在忙着跟中央联系，希望帮助解决所里工作人员的生活问题。”彭桓武正要为王淦昌提裤腿给邓稼先看，被王淦昌挡住了：“你老彭也好不到哪儿去。”

王淦昌告诉邓稼先：“中央对我们这儿的事很关心，听说还开了专门会议。告诉同志们，国家困难是明摆着的事，毛主席和周总理也节衣缩食，为的就是支持我们造出‘争气弹’，我们大家要体谅中央，用实际行动把工作做好。”

“是，我们一定要用实际行动把党中央交给的任务做好！”邓稼先发誓似的向王淦昌和彭桓武保证。

时隔两日，研究所里突然开来一辆轿车，车门一开，走出两位身材魁梧的人。原来这两位不是别人，正是王淦昌、邓稼先等他们熟悉的大元帅聂荣臻和陈毅。

“哈哈哈，王先生啊，这次你先不要带我到实验室去，我要先看看你们的‘弹药库’。”陈毅一边说一边就拉着聂荣臻往研究所的大食堂走。

“啊哈，将军同志你在这儿干啥子事哟？”陈毅一进食堂就瞅见了李觉将军也在里面。

李觉还是军人作风，“啪”地一个立正：“报告陈老总，我在给科学家们点馒头！”

“新闻新闻，将军给科学家点馒头！”陈毅一听就兴致勃勃，“你点一下，够我们科学家同志一人几个馒头？”

“这……”李觉为难地低下头。

“说嘛。”陈毅催他回答，并说，“我和聂帅今天来此，是受中央委托，查的就是你们的‘弹药库’！”

“报告陈老总，每人不足一个半。”

“这是什么军情吗？很紧急的军情呀！”陈毅大手一挥，指着李觉吼起来：“你是院长，你还是军委和中共中央派来保护我们这些‘国宝’的！让科学家吃不饱肚子，怎么能造得出‘争气弹’呢？你得写检查！”

“是！陈老总。”李觉又毕恭毕敬地一个立正。

“陈老总，别为难他了。你看看，稀饭都稀到这个程度。是我们的工作没做好。我们有愧王先生他们这些科学家了。”聂荣臻用铁勺搅了搅大木桶里的稀粥，不无心疼地说道。

陈毅的脸顿时也沉了下来："是吗，是我们的工作没做好吗？"陈毅一手叉在腰间，另一只手在空中划了一道旋风，"聂老总和我知道你们在这儿干的是国家最重要的工作，而且生活如此艰苦。其实你们的这些情况毛主席和党中央也都知道。现在全国人民的日子都不好过，毛主席都不吃肉呐！但是国家再穷，我们不能不搞国防，不进行'争气弹'试验！所以，你们的肚子要先吃饱，吃饱了才能造'争气弹'。我先向你们报告一个好消息，你们的老部长，现在刚刚到东北局任书记的宋任穷上将想着你们，一下从东北给你们调了5万斤大豆来！大豆是好营养品哟！王先生，你们先吃着如何？"

王淦昌连忙代表全所科技人员谢过陈老总和聂老总："太感谢中央和两位老总的关怀，还有宋任穷部长。"

陈毅哈哈大笑之后，一把拉过王淦昌的手，轻声道："你那个……搞得怎么样了？什么时候可以响起来？我都等不及了！"

"现在已经进入最后阶段的数据论证，应该不会很长时间了！"王淦昌回答得非常肯定。"好，好。"陈毅紧握王淦昌的手，"有你这句话，我这个当外交部部长的以后跟外国人谈判就硬气多了！"

聂荣臻元帅走过来，弯下腰杆，轻轻扯起王淦昌的裤腿，用手指按了按王淦昌的腿，心疼地说："看看，连王先生这样的大科学家的腿都浮肿了！"

王淦昌心头一阵激动，忙说："算不了什么，大伙儿比我还严重得多！我们能克服。”

陈毅元帅又一次紧握王淦昌的手，这回他一个字都没说，只有晶莹的泪珠在眼眶内滚动……

关于试验场地上的艰苦情形，王淦昌院士后来有过回忆。他说：“其实，比起饿肚子，真正艰苦的还是环境条件。基地在青海湖东边的海晏县，那里平均海拔在3200米以上，属于高寒地区，冬天很冷，风沙又大，气压低，水烧不开，馒头蒸不熟，走路快了要喘气，尤其是像我这样50多岁的人，本来肺就不好,时常靠吸氧维持。但我不可能管自己身体那么多，必须到每个关键地方去检查，去落实，去一次次叮嘱，去一次次亲自看着每一个细节……原子弹的研制和试验，涉及几十个部门、几万人队伍，你哪个环节出了一点点问题，就会影响整个研制和爆炸结果。我是现场技术总负责，出了问题肯定我是第一责任人。我不出力、不吃苦,谁出力、谁吃苦嘛！”

“我常对年轻人讲，搞科学研究的人，特别是从事我们这样的国家核心机密的核武器工作的，不吃苦几乎是不可能的事。我们甚至在需要的时候过原始人的生活，这是核试验的条件所迫，你就得有这方面的准备，牺牲都必须准备，吃点苦算啥！”

50多岁的“王老头”就在这样的核试验现场给年轻人和全体部队官兵做榜样。基地上，曾经流传过“向王老头学习”的口号。

“有趣！他们竟然叫我‘王老头’了！我老了吗？我是王

老头吗？”有几次，王淦昌打趣地问同事们。

“论年龄，你是整个基地的老头了！但论干劲，你是青春常在，永不见老。”有小滑头的干部这样回答他。

“有趣。你这样是在表扬我，还是在批评我呀？”王淦昌用手指头点点这位干部，然后自己哈哈大笑起来。

他就是这么一个可爱、可敬的“老头”——50来岁，在今天有时还会被当作“青年”,可在当时,在那高寒的青海湖边，一群年轻的原子弹试验科技人和军人队伍中，王淦昌是年岁最大的“老头儿”。

我们把目光收回到原子弹即将试验爆炸的时刻——

在陈毅元帅等来基地的两天后，中南海又传来电话，要王淦昌、彭桓武、郭永怀和邓稼先等几个主要负责人到总理办公室。电话里没有说什么事，只说不用带任何文件资料。王淦昌感到有些奇怪，因为每次周总理邀他们去，大多是听汇报和征求意见一类，所以他提前总会得到一些通知，或准备一些材料什么的。

“说不定总理请我们吃一顿好饭呢！”邓稼先最年轻，想法也最活跃。

彭桓武斜了邓稼先一眼，说：“总理那么忙还冷不丁请你吃饭？想得美！”

邓稼先在三位尊师面前伸了伸舌头，不再敢胡言了。

一到中南海，王淦昌才发现，除了他们所里的几个负责人外，钱三强所长也被叫来了，还有钱学森。

“三强，学森，今天总理叫我们都到这儿研究什么大事情？”王淦昌忍不住问。

钱三强虽是研究所所长，但论资格比王淦昌“嫩”一点，故平时总称呼王淦昌为“王先生”。于是他说：“王先生，这回我跟您一样，什么都不知道。学森也不知道是什么事。”

正在几位科学家疑惑不解时，掌声突然响起。王淦昌他们只见侧门间走出周总理和陈毅、聂荣臻两位元帅。

“坐坐，大家都围着饭桌坐下。”周总理一边跟科学家握手，一边招呼大家坐下。钱三强和钱学森坐在总理的左右手，王淦昌在聂荣臻元帅的边上，与周总理面对面。

周总理开始说话：“今天请大家来，只有一个任务，吃肉！算作我和两位元帅的一份感谢之心。”

“嘻嘻……”总理的话刚落音，坐在王淦昌另一侧的邓稼先突然忍不住笑了起来。

“我们的‘娃娃博士’有什么新闻？”总理问。

“报告总理，”邓稼先的脸一下就红了起来，“我——我是兴奋的，毛主席和您等中央领导同志都在勒紧裤腰带不吃肉，可您和两位元帅请我们来吃肉，这……我们过意不去。”

“你这个‘娃娃博士’说得不错。国家目前有一定困难，主席带头不吃肉，但你们不一样。主席和我，还有聂老总、陈老总都希望你们把身体养得好好的，把我们的那个‘争气弹’研制出来。在两位元帅的建议下，今天请你们来吃顿肉，一是向诸位致歉，二是表示对你们的感谢。来，动筷动筷……”

王淦昌事后说，这是他有生以来吃得最香的一顿饭。“肉过去不是没吃过，但总理和元帅亲自出面请我们吃肉，这是少有的事，而且是在全国人民连毛主席都不吃肉的岁月里，能吃一顿肉，这是一生中不会再有的事。”

中国的原子弹要进行实弹试验了，科学家们都做好了“西行”的准备，只等中央一声号令。

“同志们，你们谁能背诵唐代大诗人王维的《送元二使安西》一诗？”时任人民解放军副总参谋长的张爱萍将军在科学家“西行”前的动员大会上，上来就给大家出了一道题。

“我来！”一位年轻的物理学家应声而出，“渭城朝雨浥轻尘，客舍青青柳色新。劝君更尽一杯酒，西出阳关无故人。”

“好，记忆不错！”张爱萍热烈鼓掌后说，“今天这个动员会我想把它改为‘诗歌研讨会’。刚才那首诗，我看有个字可以改一下。现在请诸位不吝赐教！谁先来？”方才还很紧张的会场一下子活跃了起来。

“我说把那‘无’字改成‘有’字为好。”有人说。

“妙！妙！”张爱萍大声叫好，“王维那个时代的西域一片苍茫，别说找不到人烟，就是找到了人烟，你也不可能与其共饮和友善得起来。那时民族矛盾厉害哟！现在不同了，我们是社会主义大家庭，各族人民情如手足，你就是陌生一人走天涯，照样像在自己的故乡一样……而今，我们的科技大军又要出征西域，去进行伟大的事业，那正是‘春风不度玉门关’，呵！”

“诗人将军”的一片激情，激活了在场所有科学家的情绪。于是台上台下相互呼应：“张总长，我看这句话也该改一改，叫作‘春风已度玉门关’……”

张爱萍将军高兴地指着台下的那位科学家，说你站起来让我瞅一眼，又说你可以带学生了。“对啊，刚才这位同志改得好啊。”张爱萍将军端起水杯说，“今天让我以茶代酒，为诸位话别。我没有发言稿，只有两首诗送给大家。第一首是王昌龄的《出塞》：‘秦时明月汉时关，万里长征人未还。但使龙城飞将在，不叫胡马度阴山。’在场的诸位是当今的龙城飞将。当然，那‘胡马’就是一直用核武器威胁我们的核霸主。有你们这些龙城飞将，我中华民族就不怕几个‘胡马’了！第二首我要送给大家的也是王昌龄的，叫《从军行》：‘青海长云暗雪山，孤城遥望玉门关。黄沙百战穿金甲——’”

“不破楼兰终不还！”这最后一句是全场所有科学家们齐声朗诵的，场面真是地动山摇。“太感人了！我都流出眼泪了！”王淦昌一生研究了数项世界级顶尖科学技术，在语言表达上仅能用有限的几个“太”字，然而这正是他那颗纯真心灵最真实和坦荡的写照。没有虚夸，没有掩饰，只有直截了当的炽热与坦率，以及对科学事业的执着追求。

有一位国家领导人在现场这样评价过王淦昌，说像王淦昌这样只知干活不知回报不计名利的大科学家，在世界上也是极少极少的。我们用王淦昌，就像用自然界的水和空气一样，好像根本没有想过一分钱的成本。

王淦昌就是上帝赐给中国科学事业的“空气”与“水”。

到达戈壁滩后王淦昌发现，这儿的一切远比王昌龄写的诗要苍凉和可怕得多。先说睡的地方，根本找不到一间房子——几万人集结的一个地方竟然没有一间房屋。然而，在我们这位老科学家的眼里，新中国和毛主席太了不起，一声号令，把整个“困着的”戈壁滩给“弄醒了”，而且到处“蛮开心”。王淦昌那腔常熟话细细听来很叫人解乏。在当时“上无飞鸟，下无走兽，只有我英雄战士”的试验基地上，任何一样东西都可能引起大家的一阵不小的欢乐。

“王老，你得住进‘高间’。”一到高原，基地司令和先前到那儿的李觉将军就把王淦昌接进被基地同志们叫作“高干房间”的石头房子里。所谓的“高间”实际上是战士们用小石头垒起的十平方米的掩蔽建筑，这是专门为军委领导准备的。

王淦昌说什么都不愿住进去。“我同大家一样，不搞特殊，帐篷很好。大家能住我为什么不能？”王淦昌说啥也要搬到帐篷里跟他的“娃娃博士”和朱光亚这些年轻人住在一起，而且还加了一条理由，“我们可以随时研究问题”。

战士们背后都叫王淦昌是“王老头”，王淦昌并不在乎，反倒经常跟那些小战士们开玩笑：“你们得好好谢我这个老头，这不，我一来你们的伙食就改善了！”原来，根据基地张蕴钰司令和李觉将军的指示，对王淦昌等科学家的待遇要像对待基地最高首长一样。因此王淦昌每到一地检查工作，有关单位的领导就把平时不舍得吃的好东西都拿出来招待，战士们趁机也能改善一下，故而大家特别盼着“王老头”出现。还有，“王老头”自己根本吃不了几口，好吃的都留给大家。

大家喜欢王淦昌的主要原因还不在这里，基地的上下都清楚，中国的原子弹什么时候真的开始爆炸试验，这只要看“王老头”的工作情况就明白了。别说是根本不掌握高级机密的普通士兵，就是基地司令也得看王淦昌他们的工作进展才能判断什么时候“争气弹”该耸立于长空了。

有人说：“基地机密虽多，但有‘王老头’这个活晴雨表，我们不比司令员知道得少。”这话多少也能说明一些问题。

王淦昌到基地一线是周恩来总理亲自过问的事。“你不去我不放心。”周恩来对王淦昌有过这样的交代。仅凭这么一句话，王淦昌肩头的担子便可知其分量。

当时王淦昌的主要工作是抓缩小尺寸的局部聚合爆轰试验。由于戈壁滩基地特殊的环境所决定，各种车间、工号、实验场相距都十分远，常常为办一件事情，得清晨出发，晚上才能赶到。远望戈壁滩似乎一展如海，可当你坐在吉普车上飞速行进时，屁股就像坐在搓板上一样难受。年近花甲的王淦昌几乎每天都得在千里宽阔的戈壁滩上来来回回地奔波。

1963 年 11 月 20 日，这在中国原子弹试验史上是应该记住的一天。这一天，虽说不是正式核爆炸，但却与核爆炸同等重要。当时参加这项缩小尺寸的整体模型爆轰试验的人不多，可从技术角度而言，王淦昌心里明白：成功与否，意味着中国原子弹距离正式爆炸日到来的时间表。王淦昌在获得中南海直接批准后，便与彭恒武、郭永怀、邓稼先、朱光亚等进入了紧张的实验实战。在那些日子里，王淦昌一天光跑研究室、车间和实验场就得好几个来回……终于有一天病倒了，血压一下高了起来，这可把基地上上下下吓坏了。

“你们怎么搞的？要是王先生有一丝闪失，我就枪毙你们！”基地的人还没见张蕴钰司令这么严厉地训斥过部下。

“张司令，不能怪医生，我是上了年纪，有些高原反应罢了，不要紧的。”王淦昌赶快出来打圆场，为了不让大家担心，他有病也不多说，甚至当着众人的面连药都不吃。

“轰——”成功啦！成功啦！

缩小尺寸的实验性爆炸获得了绝对成功。王淦昌像年轻人一样，高兴地跳了起来：“好极了！我太高兴了！中国的原子弹可以正式进入爆炸准备了！”

1964 年 2 月，中央一道命令，原二机部九所改为第九研究院，王淦昌被任命为副院长，继续主抓原子弹研制的生产与技术工作。4 月，王淦昌和几位主要技术人员被北京派来的飞机突然接去。原来，周恩来总理亲自给他们下达了一项最机密的命令：“596”采取塔爆方式，于 9 月 10 日前做好试验前的一切准备，随时听从中央下达的正式爆炸的命令，要万无一失地做到“保响、保测、保安全，一次成功”。

“当时我们听了中央的这一精神，既兴奋，又紧张。兴奋的是多年的梦想就要实现了，紧张的是假如爆炸试验中出一点差错，怎么对得起毛主席、党中央和全国人民呢！”王淦昌在事后的几十年，还这样感慨。

谁都企盼成功，但谁都不可能在没有失败的经历中获得成功。王淦昌曾经对自己的弟子说过这样的话：“我从不惧怕失败。正是一次次的失败使我激发了对下一次实验的兴趣。失败是成功之母，这是真理。”然而这一次没有失败，这一次不允许失败。虽然这对科学来说是有违规律的，但它必须是这种结果。你不管有什么理由,你一定得成功。这就是全中国、全民族给王淦昌等科学家的全部任务。

王淦昌不像美国的奥本海默那么轻松，因为奥本海默是第一个试验原子弹的人，即使不成功也还可以进行第二、第三次试验，反正别人拿他没办法。王淦昌也不可能像苏联的科学家那么幸运，因为斯大林给苏联科学家的任务是“必须超过美国人的，不超过的我不想要！”但，此时中国人民正面临着两个超级大国的威胁，王淦昌没有退路。

然而，就在各个系统按照中央确定的日子，全力准备在预定时间爆炸原子弹时，问题真的出来了！

“气泡！报告王院长，×××的三次模拟试验中出现了气泡！”这一天是五一国际劳动节前夕，基地本来对科学家们作出特殊安排：五一放假两天。但王淦昌没有休息，也无法休息。他刚从设在酒泉的原子能联合企业的工艺车间回到基地，一个紧急电话就跟到了他的屁股后面。

“我马上就来！”没有顾得上喝口水，王淦昌便带着卫兵和两名助手，又赶往酒泉。

“气泡事件”给当时整个原子弹爆炸试验前带来了不大不小的紧张气氛。基地上上下下都知道了要在当年的国庆节进行原子弹实验性核爆试验，这一严重的技术问题如果处理不掉，势必影响整个试验的时间表。能不急吗？基地司令员急，几万名将士急，聂荣臻、张爱萍等军委领导急，毛泽东和周恩来急。自然，在一线负责技术和生产的王淦昌就更急了！

根据当时酒泉工艺车间负责人祝麟芳回忆：自一批浓铀235在兰州气体扩散厂生产出来后，经毛泽东亲自批准，第一套合格的铀235部件正式在酒泉原子能联合企业的工艺车间开始组合。这个铀235部件是原子弹的“心脏”。原子弹是个比人的生命体更为复杂的特殊“生命体”,其“心脏”出现“气泡”就意味着爆炸试验彻底“泡汤”。不用多说，“气泡问题”已经牵动了无数人的心了。王淦昌赶到酒泉时，负责铀芯技术的物理学家姜圣阶总工程师早已忙得不可开交，并正在发动技术与生产骨干找问题找原因。大家一致的意见是：继续重复试验！

说来容易，做起来就比较艰巨和困难，当时我们国内即使是生产最精密的高新技术产品，用的却是最原始的设备。酒泉厂消灭“气泡”的整个战斗就是这个状况。技术人员和工人同志们土法上马，靠着真正意义上的自力更生精神，一炉一炉地重复着试验，一丝不苟地查找问题，终于在大家的努力下，彻底消灭了“气泡”这个幽灵。

“五一”清晨，原子弹的“心脏”——铀芯正式安装完毕，而且经王淦昌等科学家检测合格。

至此，中国的第一颗原子弹已经诞生。

“全体集合！准备行动！”此时，从中南海传来一声号令。这句暗语告诉所有参与原子弹试验与生产的部门，原子弹安装开始！各路兵马向罗布泊集中……

“我一定要去，不去心里不踏实。”在指挥部会议上，王淦昌第一个提出要亲自去西安和兰州等原子弹重要部件的安装与生产地护送“宝贝儿子”到罗布泊去。

“王老，你年岁大了，有我各路精兵强将在，你还有什么不放心？”司令员张蕴钰和李觉院长劝王淦昌不要担当累差。但王淦昌说什么也不听：“如今最后一步了，而且部件运送的安全与否责任重大，我是总管技术和生产的，不出问题则已，出了问题怎么向总理交代？不行，我一定得去！”

“好吧。王老要去，警卫部队的同志听着，你们要像保护原子弹部件一样一丝不苟保护好王院长，出一点问题，军纪严处！”张司令员吩咐手下的一名师长。

这是真正的战斗。在“五一”节之后的那些日子里，王淦昌像“接新娘似的”从郑州、西安、兰州等生产原子弹部件的地方，率千军万马，将原子弹部件一个个护送到罗布泊基地……那都是一列列警卫森严的绝密专列，其警卫的级别与中央领导出访等同。每到一个站，全部清一色一级警卫，就连车站的负责人甚至当地的最高领导都不知专列上装的是什么东西。有一次回忆中王淦昌这样描述过当时参与护送原子弹部件的情景："我们都像天上掉下的神秘人物，不能跟车站或当地的领导同志说话，对方也不敢问我们是干什么的。有意思的是，那些警卫我的战士，只要我一行动，他们就左右前后地簇拥着，我真当了回大干部。太有趣了！"

大爆炸就在眼前。

6 月 26 日，一座 102 米高的钢铁巨人在罗布泊基地高高地耸立。这座由人民解放军 124 团等 5000 余名官兵苦战数月竖起的铁塔，是原子弹试验的最后地点。它的出现，意味着中国的原子弹爆炸试验已经进入倒计时。

9 月中旬，王淦昌等基地技术与行政负责人全部被北京叫了去。

这无疑是党中央对基地最高领导层作最后的一次检查和动员，但爆炸时间却没有确定。"听毛主席和党中央的决定。"周恩来总理在会议临结束时对在场的这些早已按捺不住的将军们和科学家们这样说，"在正式命令下达之前的时间里，我们不能有任何松懈，无论从技术还是从官兵的战斗情绪上，一定要一切从零做起……"

王淦昌和将军们如期回到罗布泊。基地所有人都明白，凭经验，中国的许多重要事件，一般都发生在"元旦""五一""七一"这样的喜庆日子。这回中央让 9 月 10 日前做好一切准备，这等于告诉大家：国庆前将进行原子弹正式爆炸试验！

9月15日，9月20日，9月30日……国庆快到了，怎么中央还没有下达爆炸试验命令？王淦昌也同大家想的一样，该是国庆前的一天正式爆炸呀！可一直到国庆节那天，北京仍然没有命令。

“王先生，张爱萍将军明天要带你们去古楼兰！”同成千上万的工作人员一样，王淦昌也焦急地等待着北京下达爆炸命令。当听部下有人这样通知他时，不免奇怪地反问：“张将军让我们到古楼兰干什么？”

“听说是带你们去散散心，那儿有很多鱼螺化石呢！”

“什么什么？去拾鱼螺化石？”王淦昌火冒三丈，“我不去，不去！都什么时候了，谁有那份闲心呀，不去！”

“是王先生说不去呀？哈哈哈……”正在说着话时，帐篷外传来熟悉的声音。

“张副总长来啦！”工作人员赶紧乘机溜走，免得挨剋。

“王先生，我是来向您转达周总理话的。”张爱萍说着在王淦昌的铺上坐下，郑重其事地说，“总理指示说，我们的‘小太阳，要等国庆过后，把那些来参加我们十五周年庆典的外国朋友都送走后再爆。为了稳定军心，我和基地司令员同志作出了新安排，一方面让大家进行预防预想查漏补缺，增加演练，以确保万无一失。另一方面怕大家在临战时大意紧张带来急躁情绪而影响我们的‘万无一失’，我准备组织同志们到古楼兰散心来调整一下情绪，您看如何？”

王淦昌这才恍然大悟：“张副总长，你们到底是打仗出身的，考虑战斗艺术真有一套。行，我看大家的情绪现在波动很大，太需要调整了。包括我在内，都有些等不及了。好，明天我也跟你到古楼兰去拾鱼螺化石！”

“王先生，由您一带头，我的工作就好做了几倍！”张爱萍握住王淦昌的手，动情地说，“王先生，你那么大年岁整天跟大家没日没夜地工作，千万要注意身体。否则我无法向总理交代啊！”

“谢谢。谢谢总理和你的关心。”

第二天，王淦昌随张爱萍一行到了古楼兰一带，那实在是个值得一看的戈壁滩上的独特景致。古河道虽然干涸了，却留下了深深的河床和随手可拾的鱼螺化石。加上左右追逐的、摇动着小尾巴和眼睛光亮溜圆的黄羊群，使整个“死亡之海”呈现少见的生命画卷。不用说，“诗人将军”的这一招，让随行人员简直乐开了怀。但唯独只有一个人既不拾鱼螺化石，又无半句笑语，他就是王淦昌。

“王先生，是不是有什么不舒服？”张爱萍关切地问道。

“没……没，我在想我们还有什么地方没有考虑到或者哪个环节上有质量问题，我想回去后第一个任务就是先要看看那些线路接头安装得牢不牢。一想到这些，我就没了其他心思啊，张将军！”

张爱萍把科学家的双手放在自己胸前，对天长叹一声：“国宝，我终于明白总理为什么这样珍重您这样的国宝呵！”

“现在我下令：根据中央命令，我国第一颗原子弹的爆炸时间为1964年10月16日。从现在开始的48小时内，全体人员进入战斗状态……”10月14日下午，张爱萍代表党中央和中央军委，在“石头房”里向基地高级将领和王淦昌等技术领导者下达正式命令。

“‘小太阳’终于要闪光了！”王淦昌内心涌起一股难以抑制的激动。而作为现场技术的主要负责人，王淦昌又无法平静。在过去的几十天里，他和朱光亚、邓稼先、程开甲等人已经不知多少次检查过每一个可能出现问题的接头、线路，或者装置，但毕竟这是第一次大爆炸，第一次真正的大爆炸！久经沙场的大科学家王淦昌心头紧张得直冒虚汗——他相信自己和同事们的能力，但他又担心可能会出现的问题。因为这毕竟是件太大的事了，只要有丝毫问题，就可能影响整个大爆炸，或者可能出现难以料想的可怕后果！啊，实在太可怕了！那绝对是不能想象的事！可又不能不朝那方面想一想。万一……万一怎么办呢？不，不能有这种万一，绝对不能有！可谁又能保证没有这种“万一”呢？

事后有人说那两天里的“王老头”真的像个老头，不管见什么人，都要不停地问你这到底怎么样了？那到底有没有问题？当别人清楚告诉他什么问题都没有时，他反倒又朝你瞪眼睛：“你怎么就敢保证没有问题？”训完，他又自己蹲下身子重新检查，直到什么问题也没有发现才罢手，可等临要离开时，又在唠叨："再一起想想，看到底有没有问题呀！"

他心头的压力实在太大了！

14日傍晚7点20分，原子弹放到铁塔，当那个巨大的圆锥体"家伙"傲然挺拔地耸立时，所有的人都紧张得有些不能自控，包括我们那些身经百战的将军们。

15日的一天是在检查再检查中度过的。大爆炸前的十几个小时是怎么度过的，我问过数位参加原子弹试验的人，他们都用了极其简单的"太紧张"或"稀里糊涂"这样的字眼来形容。好在我看到了张蕴钰司令员写的一篇题为《中国一日》的文章，他在文中细述了原子弹爆炸前那扣人心弦的情景——

……在10月15日那天晚上，我不知道在整个试验场区有多少人没有睡觉，至少在那个晚上没有人能像以往那样睡得踏实。多少年后我还记得那天晚上的月相：上弦月，呈半圆形，从顺时针方向看，右边发亮。试验场上几处强烈的灯光在朦胧的月色下却有些显得暗淡昏黄；我们住的帐篷内非常安静，听不见以往熟悉的呼噜声。在躺下之前我们都互相催促过，但能否真正睡着却又是另一回事。

第二天，我们的激动和不安似乎都已经稳定下来。按照张爱萍总指挥的指示，李觉、朱卿云和我在上午10时分乘两辆吉普车向铁塔驰去，很显然，铁塔上任何一项工作也不需要我们，更不要说伸手去干。对塔上操作的技术专家我们也没有丝毫的担心。但是过去我们总是怕它不响，现在却又担心在万一不受控的情况下“响”了怎么办？这种担心不是没有一点道理。我们这时来的目的,也正是在这里。在我们党内和军内有这个传统，就是在困难和危险的时刻，领导和同志们必须在一起。如果真的“响”了，我们和塔上的同志一起来个“太空葬”，那真是一种灿烂辉煌的荣耀，那时我们会成为最早庆祝我国首次核爆炸试验成功的人……

车到铁塔前，我们在警戒线外下车，简单地问候了值班的哨兵。李觉将军对上塔的同志说，张司令和朱主任都在下面，等一会儿再上去。我向操作吊车的卷扬机手致意。然后我们围着铁塔小步地来回走着，像在清闲地散步。不一会儿，李觉又钻进了铁塔旁的一间小砖房。这里安装着引爆电缆的电闸和一部与塔上通话的电话机。按程序，塔上正在进行接插雷管的工作，我在离小屋不远的地方席地而坐。太阳很好，碧空洁净，地面上有轻微的风。

对试验来说这真是一个顶好的天气。塔上缓慢地放下吊篮，几个操作手走下来，李觉将军从小砖房出来在铁塔下迎接他们。接着我和他登上吊篮，朱卿云主任留在塔下。

吊篮徐徐上升，把我们送入了塔上的工具间内，为我们消除了身上的静电后，又登上了几级阶梯才进入启爆室。九院试验部副主任方正知和他的助手正在做最后的检查，他简单地对我们说“就完了”，然后又继续埋头检查。

这个核装置在安装时我已看过，现在再看忽然觉得它已经具有了活的灵魂，庄严、纯正，令人肃然起敬。检查完后，方正知在塔上的最后一项工作是合上了启爆电缆的电闸。我把墙上贴着的那张操作规程顺手取了下来，即时在上面签了字：

“1964 年 10 月 16 日。张蕴钰。”

从塔上向四周眺望，极目所见的效应物都是静静地展开在地面上，整个情景就像是大战前的战场。

我突然摸了摸装在我口袋中的那把能够启爆这个核装置的钥匙。

在向下降落的吊篮里，我和方正知教授并肩站立，我们身材的高矮差不多，体态和面色也类似，只是他比我少一脸络腮胡子。他是一位很有成就的科学家，工作起来精力充沛，作风严谨。他的气质使他更像一个高级熟练工人，他的名字应该记在功臣榜上，使更多人记住他。

我们三人走下吊篮之后，李觉将军又特地嘱咐卷扬机手：“请把毛主席像降下来，忘记了就是政治事故。”我们对面而立彼此相看着。这些日子在共同的工作中我们结下了深厚的友谊，之后不久他又回到他的青海大草原去。“苦命”的将军，一生戎马倥偬，从西藏到青海，再从青海西宁到罗布泊，在这里他才能够呼吸到充足的空气。他喜欢考古，一个念念不忘的心愿就是到周口店去考察那里的北京猿人遗址……

方正知教授又合上了小砖房内的电闸。从铁塔上的核装置到主控站的启爆电缆这时已经全部接通了，我又一次摸了摸那把钥匙，它还是那样紧贴在我的衬衣口袋里。

我们一起离开了铁塔，我的车是最后离开的。走出几百米，我又让车停下来，向铁塔看了最后一眼。这座铁塔在核爆炸后已经不再是本来面目，它的上部在那个惊天动地的瞬间化成了气体，塔身残骸扭曲地倒在地上，像一具巨大的恐龙骨架，更像一座造型奇特的纪念碑。二十二年后，这里竖起了一个爆心纪念碑。其实，真正的纪念碑还是这座铁塔。

在返回途中我先到了主控制站，在主控站的领导同志还有基地的邓易飞副政委和基地研究所副所长程开甲教授。程开甲教授是1950年从英国归来的学者和技术负责人，是一位真正的老师。在试验各项准备工作就绪后，他曾不止一次地对我说：“它不能不响。”他薄薄的嘴唇颤抖着，那样子像是在对原子弹诅咒和祈祷。爆炸后我又见到他——这个试验方案的制订者，并对他说："这一回，你是张飞的胡子——满脸。"

在主控站，我将启动控制台的钥匙交给了在那里负责指挥的张震寰同志。

即将工作的启动控制系统是可靠的。主控站的门口堆放着许多沙袋，这些都是用来堵塞门洞的，以防止冲击波的压力。在上甘岭作战中我们也使用过米袋和面袋来构筑工事，今天这一方法又派上了用场。事实证明没有比这种办法更经济和更有利于争取时间了。

在主控站担任指令长的是忻贤杰同志。他学术一流，功底深厚，与人共事平易近人，是个很有声誉的研究室主任。今天，他带领这些科技人员将用自己的一双手去撞击这个世界。他1988年冬逝世时，我曾沉痛地向他的遗体告别。

我来到白云岗指挥部的时候，张爱萍将军说"K1"指令已经发出。这时炊事人员送来包子，老远就闻到了香味，但吃到嘴里却一点也感觉不出来。吴际霖和我站在一起，这位核武器研制的领导者，我始终忘不了当时他的那种复杂表情，与平时的和颜悦色判若两人。

"K2"指令发出，我回到自己的位置。

"K3"指令发出后，仪器设备进入自动化程序。9、

8、7、6……读秒的声音让我感到了一种无法形容的激动和紧张。我屏住了呼吸,我们面对着爆心的方向,戴着有深度黑色的防护眼镜，头朝下低着，等待着最后时刻的降临……

王淦昌这个时候在哪里?

在张蕴钰的视野里没有见到他的身影，这是为什么？这是因为王淦昌仍在布置一项项比司令员启动大爆炸似乎还重要的工作，那便是大爆炸后的科学数据的测试与采样——这是验证原子弹爆炸必须和最重要的事。将军和士兵们可以看到“蘑菇云”就算完成任务了，可对科学家来说，大爆炸仅仅是表象，获得各项数据和采集到各种样本才是根本的。王淦昌在忙着大爆炸前必须交代完的几十项细微的事。但毕竟眼前的大爆炸是最辉煌的，作为核武器的主要技术领导者，王淦昌比所有参加试验的官兵和将士们更期待亲眼看到自己研制的“小太阳”闪出万丈光芒!

一切安排就绪。但这并不意味就没有什么事做了。从决定 16 日爆炸试验倒计时 48 小时开始，所有技术问题已经全部准确无误地完成了，然而这不能按捺得住王淦昌那颗悬在嗓子眼的心。

我与王淦昌先生本来有约，请他细说一下在原子弹爆炸 24 小时内的每一个细微的工作与他的心情。因他后来突然离开人世而未能实现。我从郭光甄、苏方学著的《娃娃博士邓稼先》一书中见到了有关王淦昌和他弟子邓稼先在大爆炸前的一段描写，可以一窥这位大科学家当时的情景：

> 当原子弹试验进入48小时准备程序之时，所有在场的人都紧张得几乎晕厥，其中最甚者数王淦昌教授和邓稼先。王教授总是不时地问身旁的人，某某测量仪器某个焊点牢不牢。他忽然于静思中惊叫一声，拉住人问，你看见那条导线按程序插进去了吗？你确实看清楚了？没有丝毫差错吧？他甚至还要求打开已经贴上封条的工号大门，去检查线路，总担心有人不慎碰了哪条线路引起脱焊……

可以看出，大爆炸前王淦昌那根紧张得不得不绷紧的心弦是何等颤动！

是啊，在庞大而无比复杂的原子弹工程试验中哪怕是一个焊接头、一根线路、一只螺帽的任何一点点的松动，便有可能使整个试验陷入可怕的后果！这样的问题，谁都不敢设想。可如果出现这样的问题呢？谁该负责？又有谁负得起这种责任？不管什么责任，不管负得起还是负不起，作为生产和技术总负责的王淦昌第一个跑不掉！

大爆炸前，他无疑是最最紧张和压力最最大的一个人。都说上了年岁的人不易激动，都说大科学家最沉得住气，但这回王淦昌比那些一二十岁的士兵更沉不住气了——“5、4、3……”

读秒声使王淦昌的血压直线上升，似乎连心跳都停止了……

1964年10月16日下午3时，王淦昌在黑色防护镜下看到距他23公里远的爆心点突然闪了一道强光，只听一声惊天动地的巨响，随即大地开始剧烈地颤抖……在他前方有一颗硕大的火球轰鸣着、怒吼着，以雷霆万钧之势，携着百米高的沙尘，迅速托起一个蘑菇状烟云……

“成功啦！”不知是谁先喊了一声，于是所有躲在掩体里的千军万马齐声高呼，“成功啦！我们成功啦！”

那情景，王淦昌一辈子忘不了：士兵们纷纷摘下自己头上的帽子往空中扔去，将军们互相捶拳，科学家们抱成一团……他们喊呀叫呀甚至骂呀，连王淦昌这样年纪的“老头儿”都兴奋得跟着年轻人在地上乱蹦乱跳。王淦昌突然感觉两眼模糊，用手一抹，原来是泪水，是激动的泪水！

“王院长，我们成功啦！”

“王先生，我们终于胜利啦！”

邓稼先、程开甲等科学家们一齐围过来，一个劲儿地向王淦昌祝贺。

“真有趣！太令人高兴了！嘿嘿，太有趣了！”王淦昌的弟子们见他们的恩师说的仍然是那类“太有趣”“太高兴”的话，忍俊不禁地更加放声大笑起来。

当天傍晚。北京人民大会堂内。

毛泽东笑呵呵地示意周恩来：“你说，你来向大家报告好消息吧。”

在毛泽东面前，早已站满了被接见的大型音乐舞蹈史诗《东方红》剧组的几千名演员和工作人员。

周恩来一边笑着，一边退后毛泽东半步：“主席，还是你来讲吧。”这下可乐坏了在场被接见的艺术工作者们，他们看到了国家领导人之间亲密谦让的一幕。

毛泽东又笑了，对着话筒朝周恩来说：“今天应当由你讲，今天一定由你讲。”

周恩来顿时露出灿烂的笑容。他走近话筒，用目光扫了一眼全场，说：“请同志们坐下。因为我们的合影架子还要接待很多人，我怕你们一高兴把它踩塌了！”

全场一片哄堂大笑。

“同志们，我向大家报告两个好消息：第一，赫鲁晓夫下台了！”周恩来伸出一个手指。他的声音刚落，全场齐声欢呼……

“第二，今天下午3点，我们的原子弹爆炸成功啦！”周恩来伸出另一个手指，并把臂膀举得高高的。

“万岁！毛主席万岁！”

“万岁！共产党万岁！”

“万岁！中国万岁！”

人民大会堂内的欢呼声，飞向天空，飞向神州大地……

第六章

托起一个最最“有趣”的“大太阳”——氢弹

罗布泊的一声巨响，惊醒了西方世界的霸权主义者。美国《纽约时报》等主流媒体隔日便开始进行铺天盖地的报道，说什么的都有。但是最使西方政要和情报部门想不明白的是，到底是谁主持和领导了中国的原子弹研制？一篇篇臆测文章带着情报部门和政要们的恐慌心理，不断抛出。

“K. C. Wang！”

“一个曾在苏联杜布纳联合原子核研究所担任副所长的 K. C. Wang 领导和主持了中国成功地进行了核试验。”

“K. C. Wang——中国的奥本海默！”

一时间，美国《纽约时报》等西方媒体大量地刊载着一篇又一篇有关 K. C. Wang 的“传奇”“轶事”，K. C. Wang

成为公众议论的东方神秘人物。

K. C. Wang 就是王淦昌的英文名字。西方人推测王淦昌是“中国的奥本海默”是有足够理由的。这位 20 世纪 30 年代在德国迈特纳手下曾与中子的发现擦肩而过，后来又在 40 年代提出中微子实验建议，50 年代末在苏联杜布纳研究所发现反西格马负超子的黄皮肤黑眼睛的中国著名物理学家，无疑是此次东方核爆炸的“领头马”。

在此二十多年后的 20 世纪 80 年代中期，当中西方世界开始出现某些和解时，王淦昌作为中国核能代表团团长出现在美利坚合众国，引起了大西洋彼岸不小的轰动。

“原来中国的‘奥本海默’是那么慈祥，而并不是几十年来盛传的恶魔呀！”美国公众发现政府和情报部门又将他们捉弄了几十年。

西方世界知道王淦昌的名字的人比中国人还多，这正是极有意思的一件事。那是因为西方传媒在当局霸权主义思想引导下，对东方的社会主义大国的每一点发展都感到紧张和不舒服，特别是那些可以影响世界和象征一个国家实力的核武器与尖端科学领域里所出现的任何一点事，西方当局和情报部门都要大肆渲染一番。

美国的霸权主义者害怕“中国的奥本海默”，除上述原因外，他们感到格外恐惧的是：自 1964 年 10 月 16 日那次大爆炸成功后，中国的核试验就像下凡的仙女在浪漫地散花，仿佛要把整个罗布泊的四季照个通体透亮。美国情报部门连续不断地派了高空侦察机和无人驾驶间谍飞机飞越那块令霸权主义者惊恐的“死亡之海”，而且得到的情报是：中国核试验的研制速度、技术水平，太快太神，实在是不可思议！

1964 年 10 月 16 日第一颗塔爆式铀球原子弹爆炸成功，当时的西方国家为了掩饰其恐慌心理，恶意说中国的铀球原子弹只是具有实验性质的核试验，从这一步到实用核爆炸至少还要五年。

结果仅仅时过半载，1965 年 5 月 14 日，罗布泊上空又一声巨响——中国人民解放军优秀飞行员于福海在几千米高空将原子弹准确无误地投下，后据雷达测得：空爆原子弹与靶心目标仅 40 米偏差！

这一次西方政要们当哑巴了。

1966 年 10 月 27 日，当以美国为首的西方世界还在忙于派高空间谍飞机采集中国空爆样品时，新华社又传出了一则惊人新闻——中华人民共和国政府新闻公报：中国在本国国土上，成功地进行了导弹核武器试验，导弹飞行正常，核弹头在它预定的距离，精确地命中目标，实现核爆炸……

又一次震撼天地的巨响！

听听傲慢的美国人这回还能说什么？多么不容易呵！美国人在沉默了 24 小时后，开始装出一副阿Q嘴脸，说：中国的导弹核试验“是在预见的时间之内进行的”。嘿，这真是极其难受的“大度”！

1967 年 6 月 17 日，罗布泊试验场地的上空出现了一个白色的圆柱体——

它在湛蓝的天空中被高速飞行的飞机抛出，犹如蔚蓝色海洋中一个浮沉着的深水炸弹；它使劲地拽着降落伞，摇晃、飘飞、寻觅、滑行……越来越远，越来越远，只剩下一个小小的白点，一个只能凭感觉而不能凭视觉捕捉的白点。突然——白光！白光，无所不在的白光，亮彻天宇的白光！就在人们因强烈的震撼稍稍眯了眯眼的刹那间，白光中现出了金色，犹如一个新生的更为壮观的太阳，将另一个太阳挤向一边，那个在大自然中具有永恒意义的太阳竟然被挤成了一个小小的无光彩的弹丸。一片夺目的晕眩。茫然之中是灿烂的光海。核火，在这一刻超越了太阳。崇拜太阳的人在这一刻意识到了人类自身的力的燃烧。一切都按照预先的轨迹运行。火球的上方渐渐出现了草帽形的白色云团，云团悠悠地旋着，旋着，变成了一朵白色蘑菇云。在这数十公里高、十公里宽的蘑菇云顶部，是黑墨色的穹庐……许久许久，人们的耳鼓中留有两声惊心的巨响。一声来自前方的巨响是巨大的火球的爆裂，而另一声更为惊心的巨响，是来自背后的绵绵无尽的天山山脉的回响……

摘自彭继超《东方巨响》

当天23时30分，仅11岁的我和亿万中国人半夜起床听到了这样一则“重要新闻”——经毛泽东亲自圈阅的重要新闻：“我们向全国人民和全世界人民庄严宣布，毛主席的这一英明预言和伟大号召已经实现了，在两年零八个月的时间内进行了五次核试验之后，今天，1967年6月17日，中国的第一颗氢弹在中国的西部地区上空爆炸成功了！”

氢弹比原子弹厉害好多倍，是一种杀伤力巨大的核武器。中国的此次氢弹的爆炸威力为300万吨TNT当量。

“上帝，毛泽东想干什么？难道他手中有100个奥本海默？”白宫内一片惊恐。在他们看来，中国倘若没有100个奥本海默，就不会在这么短时间内将美国、苏联用了十几年才走完的那条艰巨复杂而曲折漫长的“核历程”，仅用短短两年多时间就完成了从原子弹到氢弹的突破！可怕！可怕的中国人！可怕！可怕的“中国奥本海默”们！

其实西方世界应当清楚，中国具有几千年历史，又是“四大发明”之国，华人的聪明与智慧是超人的，只要一旦获得可以充分发挥的机会，任何人间奇迹都会创造出来。

“中国奥本海默”就是这样一群非凡的创造者。

王淦昌是当之无愧的“中国奥本海默”。他对中国氢弹的研制倾注的才能与精力，无人可比。那个时候他是研制这一任务的核研究院抓生产的常务副院长。一线的同志都叫他王院长。而这历史，对王淦昌来说，比他从事和参与原子弹研制所处的角色更重要、更直接，自然，责任也更重。

作为核武器主要领导者和组织者之一，1964 年王淦昌和并肩战斗的同事们完成第一颗原子弹试验之后，毛泽东和中国共产党领导人为了褒奖这些杰出的功勋人物，将他们接到北京。

1965 年 1 月，第三届全国人民代表大会在罗布泊的那一声巨响之后隆重召开，这对刚刚经历了三年困难时期，被“左”倾、右倾挤压了数年的中国领导人和我们的人民一下变得扬眉吐气！在选举全国人大常委会委员的一次会议上，一个从未在中国政坛上出现过的名字——王京，被代表们一致选举为新一届全国人大常委会委员。

王淦昌看到全国人大常委会公报上有自己的名字，心头涌起的一股激动是旁人无法理解的，因为他根本不曾想到自己作为一个知识分子加入到了国家政坛人物的行列，而且是以化名的身份出现。自进入“灰楼”或后来到青海高原的金银滩草原 221 基地再到罗布泊基地，王淦昌虽然在工作中不再使用“王淦昌”这三个字记录自己的生活与工作，但化名后的“王京”其实也没有几个人这么叫他。从国家的总理到共和国的元帅，还是整天厮守在一起的同事，甚至那些“娃娃兵”们，全都叫他“老王”“王先生”“王老头”，倒是像邓稼先、朱光亚等那些重要的专家们和指挥员则认认真真、客客气气地称他“王老师”“王院长”。

“嘻嘻，我是王京，王京就是我。”这位平时天真得像孩童般的科学斗士，手拿全国人大常委会公报，唠叨着。回到家，他拿着报纸有趣地对自家的孩子说："这个‘王京’就是我！”

从第三届全国人民代表大会开始，王淦昌当了四届全国人大常委会委员，直至1987年第七届全国人大常委会。而在这二十多年间，王淦昌始终在中国核武器试验及核能科学工作的最前沿领导着中国核试验的秘密工作。

我们常把王淦昌等著名科学家誉为“两弹先驱”,这“两弹”在当时指的就是原子弹和氢弹。

出于时局与形势的考虑，罗布泊第一次大爆炸之后，中南海随即决定搞氢弹战略决策。就在王淦昌参加全国人大常委会会议之时，他和并肩战斗在核武器试验一线的核专家接到了毛泽东主席的又一道命令："原子弹要有，氢弹也要有。”早在研制原子弹的同时，最高决策者已经把视线触及到了“别人有我们也必须有的”氢弹上。而这个“弹”的威力远比那个“弹”要大得多，且其相关的技术当时也仅有美、苏、英三国能够掌握。从来就好胜的法国总统戴高乐当时曾发誓要成为氢弹“老四”。这时，王淦昌、钱三强等中国顶级核物理学家对氢弹方面的技术一无所知。

毛泽东的命令发出后，二机部部长刘杰召集部下迅速写出了“三年到五年能爆炸氢弹”的报告，送到总理办公桌上，周恩来马上告诉刘杰："三年才能爆炸氢弹，太慢了，要快！”可以看出，中国领导人对发展核武器的心情太迫切了。

我们今天应当怀着崇高的敬意，说一声“感谢钱三强”。因为正是这位有远见的中国核武器研制战略家，在王淦昌他们全力进行原子弹研制的同时，便悄悄开始布置另一个“核战略”——氢弹技术的基础理论研究。

已经解密的史料告诉我们，氢弹是利用原子弹的能量点燃氘和氚等轻核的自持聚变反应，并在瞬间释放巨大能量的核武器。一个原子弹的威力可能是几百至几万吨 TNT 当量，但氢弹的当量则要大至几千万吨 TNT。可是并不是所有核武器都能在短时间内让众多科学家掌握。美国人从原子弹试验中得到启示开始氢弹的探索，他们的第一颗氢弹爆炸用了十年时间，苏联用了更长时间。中国总理对部下“用三年时间”爆炸氢弹的计划很不满意，可想中国的科学家又将面临更紧张更艰巨的秘密历程！

“小黄，有一天我们要搞氢弹试验，所以组织上决定把你的那个研究小组的专业研究内容作重大调整，进行轻核理论研究。这是一项非常艰巨的任务，可要注意保密啊！”一天，钱三强把 30 来岁的黄祖洽叫到自己的办公室叮嘱道。正是钱三强的这步棋，使第一颗原子弹爆炸后，为中国科学家们正式开始氢弹研制争取了宝贵的时间。

后来，被称为“中国核武器国产一号”的青年物理学家于敏，也加入了黄祖洽他们的轻核理论研究行列，并且因此使中国这方面的科学理论得到了迅速突破。

一日，钱三强带着于敏和黄祖洽等一批轻核理论研究人员来到核武器研究院，对主持工作的副院长王淦昌说：“王先生，我把最后的兵将都调来了，现在就看大家的了！”

王淦昌瞅着于敏、黄祖洽等年轻人，喜上眉梢。经研究，于敏充实到核研究院的理论部，而这时的理论部真是兵强马壮：主任邓稼先，副主任周光召……这么一批才华横溢、思维敏捷的年轻科学家，给全面主持生产与技术工作的王淦昌犹如送来了千军万马。

“其他的我不用说，大家也与我一样清楚，周总理说的‘三年拿下氢弹’，这是道死命令。虽说我们把原子弹搞出来了，可是对氢弹我们谁都不懂，它的一些基本原理，我没碰过，三强同志没碰过，钱学森同志没碰过，你们也都没碰过，但我们必须用别人七八年、十几年搞出来的东西，用两三年的时间把它搞出来。难在什么地方？难就难在第一步要搞清它的基本原理。不知我说得对不对？请大家一起思考这个问题。俗话说三个臭皮匠顶个诸葛亮。有趣，我们这儿可有好几个诸葛亮！”一次会上，王淦昌对着理论部的邓稼先、周光召、于敏等人说。

“王先生说得对，要说氢弹可比原子弹复杂得多。苏联人撤走后，我们还有王先生、三强院长，他们都是在西方留学或者搞实验时，不同程度地接触过原子弹方面的理论与实践，就连我们几位年轻同志也知道原子弹方面的不少基本原理。可氢弹就不一样了，谁都是门外汉。现在上面给的研制时间又这么紧，但我想也没有什么值得可怕的事。攻下原理这一关，我们就可以突破。”“娃娃博士”邓稼先平常就有一股诗人气质，容易激动。他的话就像给理论部的年轻科学家们打了一针兴奋剂。

“邓主任和王先生说得对，第一步我们就要抓原理研究，我想只要方向对头，应该是可以突破的。”于敏充满信心地说。

“稼先和于敏兄在这方面是行家，有他们的理论功底，再加上我们这些人配合，应该不成问题。”周光召说。

“就是。我们敢向中央保证，一定在预定的时间内把我们自己的氢弹爆炸成功。”像以往的每一次会议一样，王淦昌觉得他手下的这批年轻人太有希望了。

“好，我们向中央报告，以求尽快投入原理研究。同时也把实验迅速开展起来，同步进行，一旦有突破，合二为一，时间就能抢住了。”王淦昌说。

“听说法国的戴高乐要当‘氢弹老四’，我想我们绝不能当‘老五’，争取把戴高乐比下去！”邓稼先的话又引起了一片欢欣鼓舞。

王淦昌每每在临睡前都要向理论部方向望上一眼，每一次他看到的都是通明的灯火……“太晚了，大家要注意身体。”好几次他实在不忍心，进屋动员年轻的科学家们早点休息，但每一次都被“赶”了出来：“王院长，您都快60岁的人了，还常年待在戈壁滩日吃沙饭夜睡帐篷床，我们加点班开个夜工，还不是受您老影响？什么时候戈壁滩上见不着您的身影了，我们才敢偷懒呀！”

有这些好小伙，中国还愁干不成上天入地的事？王淦昌常常被这些聪明绝顶而又可爱的小伙子们所感动。但是科学毕竟不是“小儿的玩意儿”，核科学更不用说了，它是一门新学科，根据当时的实际，中国的战略家们在周恩来总理直接指挥与组织下，采取了“龙头三次方”合成作战的战略步骤。当时王淦昌他们有两种考虑：一是热核聚变。如美国的氢弹试验装置用的就是一个很大的固定体，进行热核聚变就算完成了氢弹试验，这对王淦昌来说比较熟悉，他在研制原子弹时就成功探索了激光惯性约束核聚变，其本身就包含着这方面的突破；还有一种意见就是直接研制出能装上导弹头的氢弹。后来周恩来总理综合各方面意见，提出了氢弹试验也要像原子弹那样小型化的见解。因此，王淦昌、朱光亚（时任副院长）和邓稼先、周光召、于敏等统一了研制方向，即不求大而求“爆”的战略决策。

当时碰到的第一个难题是关于氢弹爆炸的热核聚变的核数据掌握不了，因为没有核数据的理论探索就等于大海捞针。为此物理学家何泽慧率三十多位科研人员，在王淦昌的另一位弟子丁大钊教授等人曾进行过的轻核反应研究的基础上，苦战半年，成功获得了相应的核数据。同年 9 月于敏率领的一支小分队在上海计算机所不分昼夜，战斗 100 天，发现了氢弹的热核材料自持燃烧等方面的关键性原理，为整个氢弹试验开辟了一条光明道路。

“于敏兄，太感谢你了！你为我们整个氢弹试验找到了一扇可以通向胜利终点的大门，哈哈哈，我太高兴了！太高兴了！”邓稼先得知消息后，专程飞抵于敏处，当他见到于敏后拥抱住这位好搭档，兴奋得像个大孩子。

“哎，稼先啊，我们都是上了年纪的人，你这个样，我们都会被吓出毛病来呀！”后来邓稼先在向周恩来总理汇报此次氢弹原理研究成功时，由于太兴奋与紧张，竟然脸色苍白，连手都在发抖，害得周总理赶紧给他解围。

“我能不激动吗？数据和原理这一关过了，就等于我们可以大踏步向实验的方向前进了！我又可以为不远的将来的胜利而喝他个大醉！”事后，邓稼先在王淦昌面前辩解道。

王淦昌特别欣赏自己的这位得力助手，他本人不善言谈，可邓稼先是位豪情喷涌的科学家，所以他打心眼里喜欢邓稼先。“于敏他们给我们整个研究工作带来喜人的突破，这个开头好。你和光召同志要抓紧从另一条路子入手，对已经取得的成果进行计算论证，这样我们才能从根本上攻克热核聚变原理。”王淦昌不愧是个站得高看得远的大科学家，他要求邓稼先这样做的目的，可以使中国在热核聚变理论的研究领域超越西方国家的老路子，从而为中国以后的核武器研究工作摆脱许多被动局面。

邓稼先不负众望，很快另辟蹊径，并和于敏的研究成果形成了著名的“邓－于理论方案”。

“直接进行多级热核试验。”经周恩来总理批准，王淦昌他们又开始了新一轮氢弹试验。

由于氢弹的原理比原子弹复杂得多，虽然邓稼先、于敏他们把热核聚变原理的研究完成了，但从原理到实验、到核爆炸成功,这过程又是极其艰难和漫长的。王淦昌是实验高手,但氢弹试验却让他费尽心思。首先是那个核装置本身就够他动足脑筋的。“假如能用不带核反应的冷试验解决的问题，都用冷试验解决，这样来提高热试验的成功率，尽可能减少热试验的次数。”这是他日夜思考的问题。王淦昌多次从周恩来总理的口中得知：为了进行核武器试验，政府和全国人民都在勒紧裤腰带。王淦昌懂得，在试验中多动用一个核反应堆装置，等于把几万，甚至几十万人的口粮剥夺了，因而他比别人想得更多。

搞核试验的人都清楚，冷试验的十次效果可能就只抵一次热试验。为此王淦昌带领大家付出了比原先多出几倍甚至几十倍的艰辛。正是在一次次冷试验中，王淦昌他们很快解决了引爆设计中的许多关键技术。当试验中够到的技术再到邓稼先他们的理论研究之中进行“回炉”后，整个氢弹研究工作便进入了实质性的研制程序。

氢弹试验实在太复杂，从热核材料的部件研制到产品设计、爆炸试验，再到物理测试，每一个环节都够王淦昌操心几阵子的。他早出晚归，奔波在几千里基地上，从细微的一个计算题到顶天立地的一个钢铁装置，他都要过问。

当年与王淦昌并肩战斗在罗布泊的同志告诉我,“王老头”除了工作和技术，其他什么都不在乎。穿的是绿军装，住的是帐篷，睡的是木板床。虽然中央有指示，他的待遇应当跟基地司令级首长一样，但见过王淦昌的人，实际上谁都不会相信他有那么高的“待遇”。

王淦昌是以忠于职守的科学精神在对待每一件生产和技术上的事，而在庞大的氢弹试验的系统工程中，他又承担着统率千军万马跨越各种艰难险阻的重任。

然而突发的政治风云，使中国的核武器发展历程开始陷入可怕的命运——1967年初，当中央决定大当量的氢弹“实弹”试验正式下达后，一些重要部门和生产基地却像断了齿的轮子转不动。那个试验必须用的铁塔制作任务交给了华北某金属结构厂加工，可人家根本不动手。

“张震寰，你去用三天时间给我把这个问题解决了！”周恩来总理亲自过问并指派大将。

作为氢弹试验的基地总指挥，张震寰后来因为忙不开身，周恩来又重新派遣另一位大将到这个金属结构厂，他整整用了十二个昼夜总算动员了职工到车间干活儿。至于王淦昌他们急需要的一些部件，更是催张三张三说要“革命”没时间，催李四李四讲“批判”还没完。“这样还能干事吗？勿来事勿来事！”王淦昌一着急就冒出几句别人半懂不懂的常熟话来。

“啥都可以马虎，科学实验是马虎不得的。这样搞法我们什么时候才能完成更大的核试验嘛！”王淦昌向周恩来总理和元帅们发起牢骚来。

于是一封以中央军委名义的“特别公函”产生了。

“毛主席号召做的事绝不能耽误！”“特别公函”所到之处，全都坚决拥护。

“为中国核武器发展作贡献是顶顶光荣的事”，成了千军万马的战斗号角。然而，被“革命”和“造反”弄得神魂颠倒的中国人已经难以控制自己的狂热，就连国家一级机密单位的人也跟着发疯与发高烧。

第一颗氢弹原理试验爆炸成功后的第二、第三天，聂荣臻元帅在基地的“马兰招待所”主持了一次核武器试验高层会议。基地指挥方面的负责人有张震寰、张蕴钰、李觉、胡若嘏等，技术负责人有特意从北京赶来的钱学森和一直在基地工作的王淦昌、彭桓武、朱光亚、程开甲、郭会英、于敏、周光召等。聂帅给大家出的议题很清楚：总结此次核爆经验，来年进行百万吨当量的空投氢弹核试验。

“大家谈的时候不要过于慎重，随便些。”聂帅的话，使会场气氛顿时活跃起来，特别听说来年就要搞大当量级的空投氢弹试验，将军们和科学家们精神振奋。

“不过我要提醒大家：眼下到处都在贴大字报、抄家，可这样的风我绝不允许它刮到基地来，也不允许它对准在我们这儿辛辛苦苦工作的科学家们。我们这儿是什么地方？我们这些人是干什么的？是毛主席、党中央亲自领导指挥的最高机密单位呀，乱冲乱批还了得！大家放心，有我在，你们该干什么还干什么。谁想动你们或者想在基地上打主意，我和几位老帅都说了，那就拿我们的命一起抵上！”

王淦昌他们听完聂荣臻的这番话，内心泛起无比感激的巨澜。尤其是周光召，这位已经被冲击得不轻的科学家，又身患疾病，在聂帅亲自过问和保护下，才摆脱了造反派们的无理纠缠，来到基地重新参加激动人心的核试验。

1967 年 6 月 17 日，中央决定首次空投氢弹爆炸试验。聂荣臻亲自在基地坐镇。空投爆炸时间定在上午 7 点整。一切准备就绪。聂帅和王淦昌等人都进入了指挥室，等待空军飞行员驾着载有 300 万吨当量的热核装置起飞。

“嘶——”徐克江机组驾驶着 726 号“轰 –6”飞机准时从马兰机场起飞。聂帅和王淦昌等基地指挥员与科学家们始终盯着战鹰，并且不时指指点点。8 时整，徐克江机组的飞机进入空投区。地面指挥立即发出“10、9、8、7、6、5 、4 、3 、2、1——起爆！”的命令。

……10 秒、20 秒、30 秒过去了，飞机竟然还在平稳地飞行，聂帅和王淦昌他们期待的大爆炸迟迟不见。

怎么回事？聂帅侧身不安地看看王淦昌，王淦昌则用更加不解的目光看看聂帅，目光分明在说：这是飞行员的问题。

“是吗？”聂帅又把头转向穿越于白云间的“轰 – 6”战机：“嗯，好高嘛。它还在天空中转悠，好你个家伙！”

“快给我接通飞行员，问清到底是怎么回事？马上！”聂帅发脾气了。

“报告聂老总：负责投弹的飞行员说因为执行的任务万分重要，他心情很紧张，影响了注意力，竟忘了按下自动投掷器的按钮。他请求再飞一圈。”

“报告聂帅：北京来电。”

“是总理的。”

聂帅接过话筒：“是总理啊，我没有完成好您和毛主席交给的任务呀。”

“怎么回事呢？是技术故障？人员有没有伤亡？”这是总理关切而焦急的声音，“……好，没有伤亡就好。告诉飞行员同志，请沉着冷静，不要紧张。”

总理和聂帅的指示传到了白云间的战机上。飞行员定了定神，将拇指贴向自动投掷器，然后用力一按……

顿时，他看到被自己抛出的一个白色圆柱体，飞速地坠下，瞬间，一顶猛然张开的降落伞使劲地想拽住坠下的圆柱体，只见白色圆柱体在与地面即将撞击的瞬间，一个巨大的“太阳”闪着强烈的光芒，亮彻天宇与大地之间……

王淦昌直流泪水，怎么收也收不住。他有些失控，竟然哭得发出了“呜呜”声。

自然是高兴地哭。

也是无数积存在肚里的委屈的泪水。

第七章

绝顶“有趣”——地上，地下，再地上……

“大太阳”并没有终止王淦昌的核“心”——国家又下达了更重要、更艰巨的核试验任务。

空中投掷氢弹爆炸成功不久，王淦昌接到周恩来的指示：着手研究地下核试验。

进入20世纪60年代，自从美国奥本海默完成“曼哈顿计划”，苏联的库尔恰托夫院士也在斯大林元帅的紧逼下相继完成多次原子弹试验后，当时的苏美两个超级大国一方面为抑制对方的核试验，另一方面想使自己在全世界永远保持核霸地位，签订了限制在空中和地面核试验条约。虽然这一条约对第三国并不存在约束力，然而毕竟核武器由于它所具有的巨大毁灭性后果，只要继续不停地试验，就会给自己的国土家园带来环境与自然条件的严重破坏。地下核试验在这种情况下首先被提了出来。中国总理是人民的总理，周恩来想在了所有中国领导人的前面。

王淦昌在接受这一新命令后立即开始布置。1967年10月，他与自己的学生、后来也成为杰出物理学家的程开甲教授（时任西北技术研究所所长），组织召开了我国首次地下核试验讨论会。会议的主题非常明确：争取在一两年内将地面核试验多数转入地下。在这之后，王淦昌作为我国地下核试验的直接组织者和领导者，全面担起理论与设计的重任。繁重的工作使他不得不奔波于罗布泊和北京之间。然而这位年已六旬的老科学家不曾想到在他从事如此机密和重要的工作时，一场他根本弄不懂的劫难如洪水猛兽般地向他袭来……

“那一天王先生从青海回到北京，我开着伏尔加专车去接他上班。在他将要钻进车内时，王先生突然站住了，然后绕到车子后面，半天站在那儿一动不动。我急了，以为出了什么事。回过去一看，原来后车的玻璃上又被造反派贴了张标语，写着‘反动学术权威’几个大字。我看到王先生的脸色气得发白，嘴唇微微颤抖着。‘这帮狗日的！’我心里骂了句，因为在王先生回来之前就有人已经贴过同样的标语，可每次我都给撕了。我没有想到今天又有人贴上了。为此我曾向李觉副部长反映过，他也很生气，说王先生这样的科学家是‘国宝’，怎么能不负责任地说他是‘反动学术权威’！李将军指示我不要让王先生知道这样的事，以免刺激王先生。可是那天我还是没有‘把好关’。”时隔近二十年后，我采访跟随了王淦昌十几年的司机大邵同志，这位中原大汉仍然怀有几分内疚。大邵全名邵春桂，现已退休在家，这位经历朝鲜战场洗礼的老战士，自 1960 年起就来到核研究所（院），之后成了王淦昌的专职司机，同时又兼王淦昌的随身警卫。

王淦昌平时是个“好老头”，从不跟别人计较什么，埋头科研工作，把国家和人民交给的任务视为生命般重要的工作去实现,这是他最大的乐趣和追求。他的女儿说过这样一句话：“我父亲从来不知道向单位和上面要点什么，所以单位的人一说起我父亲就是‘王先生那里不会有什么事的’。他就是这样的人，倒是我们这些儿女和家人常常被他弄得一肚子气。”

但王淦昌的大智大慧又决定了他不是一个别人想嘲弄就嘲弄、想污辱就污辱的人。“我是‘反动学术权威’？反动的人可以参加国家最机密的核试验？天下哪有你们这样的‘革命者’和‘造反派’？”王淦昌平时本来就不善言辞，有话常常心里说。

这回他火了，一连几天在心里骂人。

好啊，你们说我是“反动学术权威”，那我就“反动”吧。王淦昌作出一个“重大决定”：不再坐专车，改乘公共汽车。

王淦昌住在中关村，工作在花园路的“灰楼”，其间有相当一段路程。原先每天都是大邵车接车送——这也是中央规定给王淦昌等大科学家的待遇，一方面是出于照顾，另一方面是为了保密。自隐姓埋名后，王淦昌他们在一般情况下不允许自由出入公共场合。这回老先生不坐专车，可把大邵急坏了，万一出了什么事，或者失密了怎么办？

“王先生，您快上车吧！您越这样人家越会注意您的。”伏尔加车里的大部一边把车挡和油门开得最低，一边急红了脸跟在王淦昌的后面不停地叫唤。

王淦昌只管自己走，不理那一套，既然昨晚决定不坐车就永远不坐车了！他从家门出来后直奔开往花园路的 331 路公共汽车站。他上了车，把大部害苦了，开着伏尔加不快不慢地跟在公共汽车后面，一路上被后面大大小小的其他车子骂得狗血喷头。331 路车到站了，王淦昌从公共汽车上下来后继续步行，任凭大部大呼小喊。

一连数日，王淦昌和大部天天这样“对峙”。结果吃不消的不是 60 多岁的王淦昌，而是身强力壮的大部。组织上让他为王淦昌开车时就说得明明白白：王淦昌先生是我们国家杰出的科学家，要像保护高级首长一样保护他，不得出任何差错。这是一项极重要的革命工作。虽然大部并不太清楚王淦昌到底是在从事什么工作，但王淦昌经常进出中南海，去见周恩来总理等国家领导人，可知他是个不同寻常的人物……

伏尔加像只蜗牛似的跟着王淦昌一步一步地慢行着……望着性格耿直的“老头儿”，大部突然灵机一动：“王先生你是不是爱国的？”大部把伏尔加贴近王淦昌，然后伸出半个脑袋冲王淦昌这么说。

王淦昌一愣，停下步子，两眼直盯着驾驶座上的大部：“我怎么会不爱国？”

大邵心里偷偷一笑："老头儿"上钩了！随即装出一副特别认真的样子："我看你不爱国。"

"我怎么不爱国？我不爱国怎么去……"王淦昌想说"去为国家造原子弹、氢弹"的话，但一想到纪律，便改说，"我不爱国为啥当初从德国回来到浙江大学去教书，后来参加了社会主义建设？"

"我看你不仅不爱国，而且你还里通外国……"大邵有意气他。

对人情世故一点不沾边的王淦昌哪能清楚大邵的"阴谋"："我怎么会里通外国？胡说八道！"

"真的？真的是胡说？"

"当然，绝对是胡说八道！我怎么可能会里通外国嘛！"王淦昌挺着脖子，分辩道。

"那——你为什么不坐专车？"

"人家骂我是'反动学术权威'！可我不是！笑话，我怎么会成'反动'？成为坏人？"王淦昌一提起"反动学术权威"，气就不打一处来。

大邵哈哈大笑起来："王先生既然你坚持自己不是'反动学术权威'，不是'里通外国'，那就证明人家确实是在胡说八道。既然您认定人家是在胡说八道，干吗还理他们？生他们的气呀？值得吗？您生了气，影响了工作，您说谁高兴？还不是那些想扳倒您的人高兴嘛！所以您犯得着吗？"

这劈头盖脸的"反击"，真把王淦昌给拨开了：是啊，我为什么要跟那些无知又鲁莽的人计较呀？他们哪能理解我们这些连自己真实身份都要隐藏起来的人一生所追求的是什么呢？真糟糕，我干吗自己生自己的气？想到这里，王淦昌止住了步子。

“上车吧，再不上后面的车就要顶我们的‘屁股’了。”

就这样，王淦昌重新坐进了伏尔加。

1969 年，党中央正式决定进行一次地下核试验，并任命王淦昌为此次核试验的总指挥。同以往核试验一样，当中央的重大决策下定，所有相关的制造与参加试验的数百家工厂、数十家研究单位、数万人将要投入紧张的运转。

可是人呢？人都到哪儿去了？王淦昌从北京飞抵罗布泊时一看，昔日人声鼎沸的战场，怎么见不着几个人了？

“老院长您总算来了，我们的人都被拉去开批判会了，这儿已有一两个月没正经搞生产了！”有人走过来悄悄告诉王淦昌。

一两个月没工作？这还是不是核试验基地了？王淦昌心头之怒不由直冲脑门。他找到上面派来“支左”的头目、人称“恶二赵”的两个人，责问道：“中央的命令可以不执行吗？”

“恶二赵”见中央有文，自知不好正面与王淦昌较量，便悄悄避到一边去。然而没有人干活儿怎么行呢？地下核试验可不是往地里种萝卜，缺一个方面的人马，就会使整个系统无法正常开展工作。身为地下核试验的总指挥，王淦昌心急如焚。他又一次找到“军管会”头目“恶二赵”，要他们赶快停止搞运动。

“那怎么行！”“恶二赵”气势汹汹，根本没把王淦昌这个总指挥放在眼里。王淦昌是个忠于职守的人，想不到碰了如此一鼻子灰！当天，他用机密电话向北京汇报了基地的情况。

“胡闹！地下核试验是毛主席、党中央作出的决定，怎么能耽误呢！一定要恢复生产和科研工作，该上班的同志都得回到第一线！这是中央的命令，必须执行！”周恩来得知后，直接向基地打来电话。

“恶二赵”无可奈何地硬着头皮开会传达，然而基地的广大干部群众和指战员恨透了这两个人，没有人理他们。这一下，“恶二赵”反倒紧张起来了。他们明白，核试验不是件小事，每次核试验执行的都是铁的纪律和铁的命令，跟打仗没有两样，谁真要耽误了，或者在试验过程中出了什么事故，那可是天塌下来的事，谁顶得住呀！“恶二赵”只得极不情愿地张罗人开工，但已经陷入混乱的基地竟然到了想动也动不了的地步。

无奈，“恶二赵”找到了王淦昌：“王院长，这可怎么好，找不到人上班呀！我们是下了很大功夫的，可还是不见效，是不是由你向中央把这里的情况汇报汇报？”

王淦昌不傻，知道对方想把皮球踢到他这边来。思忖片刻，他说：“既然这样，就用我这张老脸去做做工作吧。在中央对地下核试验定下的时间内，我们一定要按时完成，否则就是对不起毛主席。你们说呢？”

危难之际，王淦昌心头比谁都着急。其实基地广大干部群众、科技人员和指战员都很关心地下核试验，只是大家恨透了“恶二赵”破坏生产和整人的那一套。一些胆小的人甚至惧怕他们的疯狂行径，所以宁可少找点麻烦，让“造反”就去“造反”，让参加“批判会”就去参加“批判会”，啥生产啥试验，才不管呢！面对如此一盘散沙，王淦昌怎能不急！“同志们，我们干的这个事业同西方世界比还有一大段距离，不能再耽误了呀！大家应该清楚，科学实验花的时间是很多的，我们本来就有很多事情要做，再因为运动和整天开会，生产和科研就没有了保障，这就完不成中央交给我们的任务了！”

“地下核试验意义重大，它可以丰富我们过去的地面和空中试验，能掌握许多新的数据。所以大家一定要抓紧时间，全力投入工作，以最快的速度通过地下试验这一关！”

王淦昌一个科研室、一个生产车间地跑，一遍又一遍地跟大家讲道理。当时的科研人员连看业务书都被禁止了，只能在自己的家里偷偷看。王淦昌就利用就餐时间，挨家挨户去请科研人员带着业务书上研究室学习、研究。

生产部件的车间里不见一个人，王淦昌拖着患病的身躯，到处寻找车间主任。车间主任告诉他：“王院长啊，我们都已经给人家夺权了，再出面也没有人理我们啦。再说，大伙真的来上班，连食堂里的饭都吃不上啊。大师傅们也都回家的回家了，闹革命的闹革命去了，不好办呀。”

看着车间主任为难的样子，王淦昌急得直搓手，他是个科学家，能独自运算和设计无数错综复杂的中子、原子一类的顶尖难题，也能作为一名核武器科学研究的主要领导与组织者指挥和处理各种千头万绪的业务工作，但他却从来没有做过行政工作。面对车间主任和下面提出的类似难题，不知如何是好。深思之后，他突然对车间主任说："能不能把同志们的家属发动起来，让她们给大家做饭？"

"这……"车间主任想了想说，"倒是个好办法。可谁给她们开工资呀？我们职工的钱都是上面按人头拨下来的，家属们干了工作也不能从财务那儿拿得到钱呀！"

"这个问题我能解决。"王淦昌不假思索地回答，"可以由我来给她们发工资嘛！"

车间主任不由捧腹大笑起来："王院长您有多少钱可以给大家发工资？再说您真给大家发了，人家造反派会说您是在雇工干活儿，是'剥削阶级'的行为嘛！"

王淦昌一下愣住了，心想对呀，这倒是个难题。于是嘀咕道："那还是我去动员那些烧饭的大师傅吧。"

也许正是基地的干部群众和科技人员们看在他们老院长这么真诚的份上，再加上王淦昌本来威望就高，所以大多数部门和机构的人都回到了自己的岗位上。然而，被"恶二赵"人为搞成的两派只要一发生冲突，基地上的生产和科研就会受影响，甚至停工停产。派别斗争已经严重到拿枪拿重武器的地步，为了让双方停止武斗，回到生产和科研上来，王淦昌不止一次冒着生命危险亲自跑到两派的"司令部"劝说。

“你们都清醒地想一想，现在是啥时候了？按照中央规定的时间我们已经紧得不能再紧了，你们大家都不能再情绪化。搞地下核试验是国家大事，大家要以国家利益为重，否则将来就会变成历史的罪人！”

但由于派性斗争和管理上的混乱，一些原先就回北京休假或者办事的人借机都没有回到基地，使得基地不少岗位的人手异常紧缺。从青海到北京，来去需要走好几天火车。王淦昌利用自己经常回北京汇报工作的机会，抽出时间走访那些留在家里的同志，劝说他们返回基地。

九院家属大院中不少老同志感慨地对我说：“那阵子王院长天天串东家走西家地找人，碰见一个就盯住一个不放，一直到人家同意回基地为止。好多同志回到基地，就是冲着老院长的面子才离开北京的。没有他呀，我国的第一次地下核试验还不知要拖到什么时候呢！”

如果不是王淦昌上上下下动员，如果不是凭着他崇高的威望，被“恶二赵”把持大权的基地在那几年是绝不可能进行任何实质性的试验工作的。基地的人们还记得，当时从乌鲁木齐通往基地关口的要道，都被两派的造反派重兵把守着，别说物资不易运送，就是行人也常常要被扣下。

一次，王淦昌和随行几个要员刚下乌鲁木齐机场就听到激烈的枪声，通往基地试验场的通道被造反派们死死地把守着。“怎么办？我们带的都是机密资料，可不能被坏人抢走啊！”王淦昌着急地在原地转圈。

有人建议绕道而行。“不行，一旦途中发生情况，资料丢了怎么交代呀！得重新想办法。”王淦昌急中生智，连夜给有关部门打长途电话，于是很快来了一架飞机将王淦昌一行安全送抵了核试验基地马兰。

今天很多中国人为自己国家拥有强大的核武器而无比自豪，谁能想到当年王淦昌他们所进行的试验工作是那样的艰难！不说国家的物质经济条件差，不说西方世界对我国技术与情报的封锁，我们自己给自己都造成了那么多的难题！

中国的地下核试验，实际上是在一个人工挖掘的山洞里进行的，这个洞长达一公里。在这样深的洞穴里装配原子弹，其难度要比在地面上大好多，特别是几百根各式各样的线路，每一根都要拉几公里长，接头与接头之间、线路与线路之间，稍稍有一点点问题，都有可能酿成大难。

为了确保所有地下装置与线路不出任何问题，王淦昌一面向各个环节与系统提出要求，同时亲自深入洞内指挥和监督每道工序的操作和检验。

一次，探测器突然发出“啪啪啪”的响声，王淦昌立即赶到现场，询问是不是产品本身有放射性物质泄漏了，是不是山体本身有贫铀矿存在。为了查清真相，王淦昌一连几十个小时钻在幽暗潮湿的山洞内，那时的他已是60多岁的老人了。

到底是什么东西在作怪呢？经过反复测试，终于查明是一种叫氡气的东西在作怪。氡气是一种放射性有害气体，对人的呼吸系统有很大损害。王淦昌得知真相后，看到在洞内工作的解放军小战士们根本没有任何防护措施，便一个个告诫他们：“小同志们，大家在干完工作和吃饭时尽量不要待在洞内，那样会很危险的。在工作时，一定要戴上防护口罩。千万千万记住我的话，人的生命宝贵啊！”

“他这不是宣扬活命哲学吗？”

“这是扰乱军心！”王淦昌没有想到早已想治他的“恶二赵”一帮人，竟然把他关心战士们的话当作“反动言论”，公然在大会上指名道姓地拿出来让“革命群众”批判。

“王院长，他们把大字报都贴出来了，您还是先躲几天吧。”几位好心人过来劝王淦昌。

王淦昌两只眼睛一下瞪得老大：“我躲什么呀？周总理交代的任务谁来完成？氡气就是有毒嘛，他们懂什么？同志们长期在洞内，不注意防护就是要伤命的嘛！我叫大家注意点有什么错？他们这样批判我，我要向总理汇报，看看我到底有没有错！”老科学家较起劲来谁都拉不住他，“什么叫‘活命哲学’？我们是搞科学的，科学讲究的是实事求是嘛！”

正是老科学家的一颗爱国的赤诚之心，影响了全基地地下核试验的将士与科技人员。在大家的共同努力下，试验准备工作热火朝天地进行着。

然而，地面上的大批判一浪比一浪高。当“恶二赵”赤裸裸地批判王淦昌是“反动学术权威”“笑嘻嘻地腐蚀青年人”时，一位同志实在看不下去，便责问造反派：“像王淦昌这样好的专家，你们都要批判，那这个世界上就没有好人！”就这么一句话，这位同志竟然遭到“恶二赵”一伙的打压。

王淦昌得知此事后，愤怒地对天长号：“我们辛辛苦苦干工作错在什么地方？”他终于倒下了，血压骤然升高。但是他知道核试验远比自己生命重要得多，于是不顾大家的劝告，连续三天三夜在场指挥把最后的核装置和干燥剂放进洞穴。当工兵用最后一块水泥封死洞口时，指挥系统传来紧急状况：控制台的电源没接通！

没有电源怎么引爆几千米地底下的原子弹呢！

“把洞口重新打开，我要进去检查！”王淦昌立即命令。

“不行，王院长你不能进去，里面已经有了核物质装置，太危险了！你绝不能进去！”战士和现场的同志们组成一道人墙，把王淦昌拦在外面。

“你们都给我闪开，技术方面的问题，我有权负责处理。谁也别想拦我，走开，让我进去！”王淦昌扒开人墙，指挥工兵迅速拆除封口，猫着身子钻进深深的山洞之中……

后来终于查出事故原因：一个地方的电线“脱壳”了！

这一事故，使王淦昌下决心发动基地人员重新从头到尾对已经装置好的整个核爆系统进行全面检查。

1969 年 9 月 23 日，王淦昌和参加试验的上万人在几十公里外的山巅上，亲眼看到了在天山支脉的一个山体上扬起滚滚尘埃。

从千米地下发出的阵阵闷雷，回荡在天山南北……

我国的第一次地下核试验，成功了！

“王院长，我们成功啦！我们终于完成任务啦！”

在大家兴高采烈地向王淦昌祝贺时，这位“两弹元勋”的脸上只露出了一丝十分凝重的微笑……

王淦昌带着地下核试验成功的喜讯回到北京，然而当他回到那个熟悉的“灰楼”时，一切都突然变得陌生了。

“我们决定把在北京的九院所有机构迁至四川绵阳一带，这是一次极其重要的大迁移工作，组织决定你也一起迁至那儿。”二机部“军管委”正式通知王淦昌。

“我一个人去，还是家属都迁去？”王淦昌问。

“当然是全家都去。而且，你们要做好长期工作、生活在那里的准备！”

“好的，我回去马上做迁移准备。”王淦昌丝毫没有想过其他什么问题。在他看来，自己所从事的工作，本来就是高度机密的，几年前自己连名字都改了，这很正常。只是这一次是大迁移，所以他想到了家的问题。回到家里，王淦昌对老伴和子女只说了几句话，就把全家要搬离北京的事全都定了下来。

王淦昌老两口带着外孙女三人很快到了目的地——四川绵阳（而今的长虹集团便是当年王淦昌他们的九院子属单位）。司机大邵一家也跟着王淦昌一起到了绵阳，并且这一去就是近二十年。下面是大邵回忆跟着王淦昌一起到四川后的有关王淦昌的一些情况——

我们搬到绵阳后，我曾对王先生发过牢骚，可王先生说：“别人我不管，我们来这儿没有错。九院把主要人员和技术设备都搬来了，今后这就是我们工作的机构，我们不跟着工作的地方走还能干什么？”王先生就是这样一个人，在他的心目中，从来不去想那些乱七八糟的私事，只要他认为是上面交给的任务，不管在哪里，不管是干什么，他都要全身心地投入，直到完美地把它做好为止。那时绵阳的条件极其困难，连孩子吃的食糖都得从北京带过去。而我们的九院工作区为了适合战备需要，整个工区和生产厂区铺得特别大，近的相互间距离三四十公里路，远的达一百多公里。那时王先生已经是近 70 岁的人了，但他是生产和技术的总负责，所以几乎每天都要在几百公里的工区里奔波。同时，绵阳地区又是地震多发区，我和王先生多次出门碰上地震，由于担心出事，我不让他往下面的工区跑，他哪肯听！地震一来，夜里我把他拖到汽车上睡，他就是不让，说怕什么？我是搞原子弹的，震波多大，对人类危害多大，我心里都清楚。他照常睡在屋里。有一次我问他，王先生你真的不怕地震砸死人啊？他嘿嘿一乐，说死谁都怕，只是你心里装的其他事多了，死的事就给让路了。我相信他的话，因为他心里装了那么多工作，哪能顾及自己的生死？不过，由于受“文革”的影响，四川期间许多工厂停停干干，这给王先生的工作带来了极大的困难。

1975 年，因“文革”中断数年的第二次地下核试验又重新被列入议事日程。时已 68 岁的王淦昌仍然以技术总负责人的身份，与小伙子们一起，从吐鲁番到戈壁滩，乘着汽车，整整颠簸了十一个小时，到达爆炸地。

“让我再进洞看一遍。”同每一次核试验之前一样，王淦昌坚持要在最后时刻亲自检查一下装置和线路。当在场的人看到老先生吃力地弯着腰在低矮的“猫耳洞”里钻进钻出时，谁都会感动。

大爆炸仍然在王淦昌的注视下获得预期的成功。

这一年，正是邓小平重新出来主持工作的年份。

这一年，王京的名字又出现在周恩来总理主持召开的第四届全国人大常务委员会的名单上。

1976年，70虚岁的王淦昌再赴风雪弥漫的罗布泊进行了我国第三次地下核试验。经过代号为“21-29”“21-92”“21-93”三次平洞地下核试验，我国的空中、地面和地下核试验基本走完了所有历程。王淦昌带着让全国人民引以为豪的核试验成果，回到了北京。他没有想到的是，他最最敬爱的人——周总理离开了人世。

“你们看，上次我向总理汇报工作时，他向我提了五个问题，当时我只回答了三个。现在剩下的两个问题我也想出来了，可他已经走了……”王淦昌坐在椅子上悲痛欲绝地向人诉说着。

几个月后的清明节，天安门广场发生了声势浩大的群众性悼念人民总理的活动。王淦昌不顾人多车挤、年老体弱，义无反顾地加入了悼念队伍。

10月，沉闷了许久的中国响起一声春雷。王淦昌无比激动，

他说 :“这是更大当量的‘核爆炸’！我要继续努力为国家作贡献。”

1978 年，王淦昌奉命从绵阳调回北京，任二机部副部长，并兼任中国原子能研究所所长。在这之前的三个月，他再次当选第五届全国人大常委会委员。

他——“王京”，这才在公开场合重新启用“王淦昌”这个父亲给他的名字。整整十七年，他隐姓埋名……这就是王淦昌，中国独一无二的“奥本海默”，全程参与原子弹、氢弹的主要研制者、领导者。

至此，他也能在公开场合重新听到有人直呼其名、直呼其“王淦昌院士”了……

“有趣，蛮有趣。一下子变过来，我还有些不习惯呢！”我的这位“有趣”的大老乡，这么自嘲道。

第八章

最后的篇章依然“有趣”

1979 年 10 月 20 日，72 岁的王淦昌实现了他毕生的追求，成为一名光荣的中国共产党党员。

1980 年 2 月，他被推选为新成立的中国核学会首届理事长，同时还被选为中国科学技术协会全国委员会副主席。这一年，他进中南海为中央领导同志作了题为《核能——当代重要能源之一》的报告，从此致力于中国核电站和其他核能科研的领导与组织工作。

1982 年，75 岁的王淦昌主动辞去二机部副部长等职，仍兼任原子能研究所名誉所长。

1983 年，出席第六届全国人大第一次会议，再次当选为全国人大常委会委员。参加在加拿大召开的第四届太平洋沿岸地区核能会议。

1984 年，王淦昌亲自主持和指导秦山核电站及北京的强流电子直线感应加速器论证等。7 月，赴日本参加日本原子工业讨论会第 17 届年会，并作《中国核能发展与国际合作》报告。

1986 年 3 月，他与王大珩、陈芳允、杨嘉墀一起，向中央领导人提出了《关于跟踪研究外国战略性高技术发展的建议》。在邓小平亲自批示和支持下形成了后来著名的中国《高技术研究发展计划（“863”计划）纲要》。有人曾把这项“863”计划称之为中国最伟大的科技系统战略计划。邓小平当年在收到王淦昌他们的信后，立即指示道：“此事宜速作决断，不可拖延！”可见，它的提出对中国发展和大国崛起所起的重要作用和意义。从某种意义讲，今天的诸如神舟飞船、大飞机、高铁、深海探秘、生物技术、信息技术、基因工程，等等，都是在“863”计划实施影响下实现的伟大科技成就。因此也有人称王淦昌又为国家完成了另一个“两弹”——影响未来发展的“战略导弹”和实现国家强盛的“现实导弹”。

1987 年，王淦昌主持国家“神光”激光装置鉴定会，并在八十寿辰时发表有关中国激光研究的重要论文。顺便在这里加一句王淦昌自己公开的原话：“‘神光’装置是我国激光技术发展的重大成就，达到了国际同类装置的先进水平，并有若干独创性成果，它是我国跟踪世界高技术领域的一个范例。它的建成为进行世界前沿领域的激光物理实验提供了有力的手段，对国防尖端科研和国民经济也有重要意义。”

毫无疑问，中国的这一现在也不算啥“秘密武器”的激光武器主要研制者，仍然是王淦昌院士。

“有趣。‘激光武器’被叫作‘死光武器’……”王淦昌又一次开心地说着口头禅。

1988 年，他与王大珩、于敏等物理学家致信中央领导，建议将“激光核聚变”列入“863”计划，并获得批准。

1989 年，王淦昌赴苏联杜布纳联合原子核研究所访问。

1990 年 2 月，他与钱三强、李觉、姜圣阶联名写信给江泽民、李鹏同志，就中国发展核电站问题提出建议。年底，由他领导的氟化氪准分子激光研究取得重要进展。10 月，他被莫斯科大学授予名誉博士学位。

1991 年 4 月，王淦昌接受国家对“863”计划大会颁发的荣誉证书。

1994 年,王淦昌向国家科委提出“863”计划五点新建议，受到国家重视。

1995 年 1 月，他与钱学森、黄汲清（大庆油田发现者）、王大珩一起在人民大会堂接受李鹏总理颁授的首届“何梁何利基金最高奖科学与技术成就奖”。

1996 年，他捐款设立“王淦昌基础教育奖励基金会”。9 月，参加“四川大学建校 100 周年纪念会”，并到绵阳九院考察工作。

1997 年 4 月，他赴杭州出席“浙江大学建校 100 周年庆祝大会”。同月，应何梁何利基金会和香港中文大学邀请，赴香港访问，并作《21 世纪的能源》的报告。5 月，参加中国核工业总公司组织，首都科技界、教育界参加的“庆祝王淦昌院士从事科技工作68年暨九十寿辰学术报告会”并讲话。8月，他被无名氏（至今仍未查悉）骑车人突然撞倒致重伤，住北京医院数月。

1998年12月10日，王淦昌逝世。江泽民、李鹏、朱镕基等国家领导人和中外科学界、社会学界、教育界送了花圈……

1999年9月18日，党中央、国务院、中央军委追授王淦昌等七位科学家“两弹一星功勋奖章”。

其实，王淦昌院士的一生，有太多伟大的科学贡献与可贵精神，尤其是他的人格魅力，可谓光芒四射。他是理所当然地属于科学巨人山上那个坐在最高峰的人。他伟大而朴实的人生中包含着善良的人品、平和的性格、纯洁的心灵、坦荡的胸怀和最坚韧的毅力，以及从来不认输的追求与奋斗精神。

“两弹”元勋王淦昌的一生，是平凡而伟大的智者的一生，始终呈现着智慧与幽默的光芒。

王淦昌，中国乃至世界少有的一位惊天动地的大科学家。如一座丰碑，永远屹立在中华大地，我们将永远铭记您！

原稿：1997年夏

修订稿：2017年夏

再改于2023年春节

参考书目

1. 胡济民，许良英，汪井容，等 . 王淦昌和他的科学贡献[M]. 北京 : 科学出版社，1987.

2. 李瑞芝，孙晓光，常甲辰 . 核物理学家王淦昌 [M]. 北京 : 原子能出版社，1996.

3. 王淦昌 . 无尽的追问 [M]. 长沙 : 湖南少年儿童出版社，2010.